Mon cahier de Français

6e
CYCLE 3

ÉDITION 2017

Sous la direction d'Évelyne Ballanfat

Karine Hurtevent
Professeure au collège Molière,
Ivry-sur-Seine (94)

Apolline Larroumets
Professeure au collège Molière,
Ivry-sur-Seine (94)

Yves Caron
Professeur au collège Darras-Riaumont,
Liévin (62)

Les auteurs remercient pour leurs relectures et suggestions
tous les enseignants qui ont participé aux études menées sur ce cahier.

Nom ....

Prénom ....

Classe ....

Programme 2016

Ce cahier applique les recommandations orthographiques de 1990, mentionnées dans le BO n° 11 du 26 novembre 2015. Seuls les extraits d'œuvres littéraires n'ont pas été modifiés.

MAGNARD
www.magnard.fr

TUTO VIDÉO lienmini.fr/jdl-002
Saisissez cette adresse sur votre navigateur pour apprendre à créer votre propre carte mentale.

Phrases exemples

Dans la forêt, les enfants courageux découvrirent une maison en pain d'épice.
Sont-ils présents chaque matin ?
Le pauvre bucheron pense à ses enfants perdus avec beaucoup de regret.

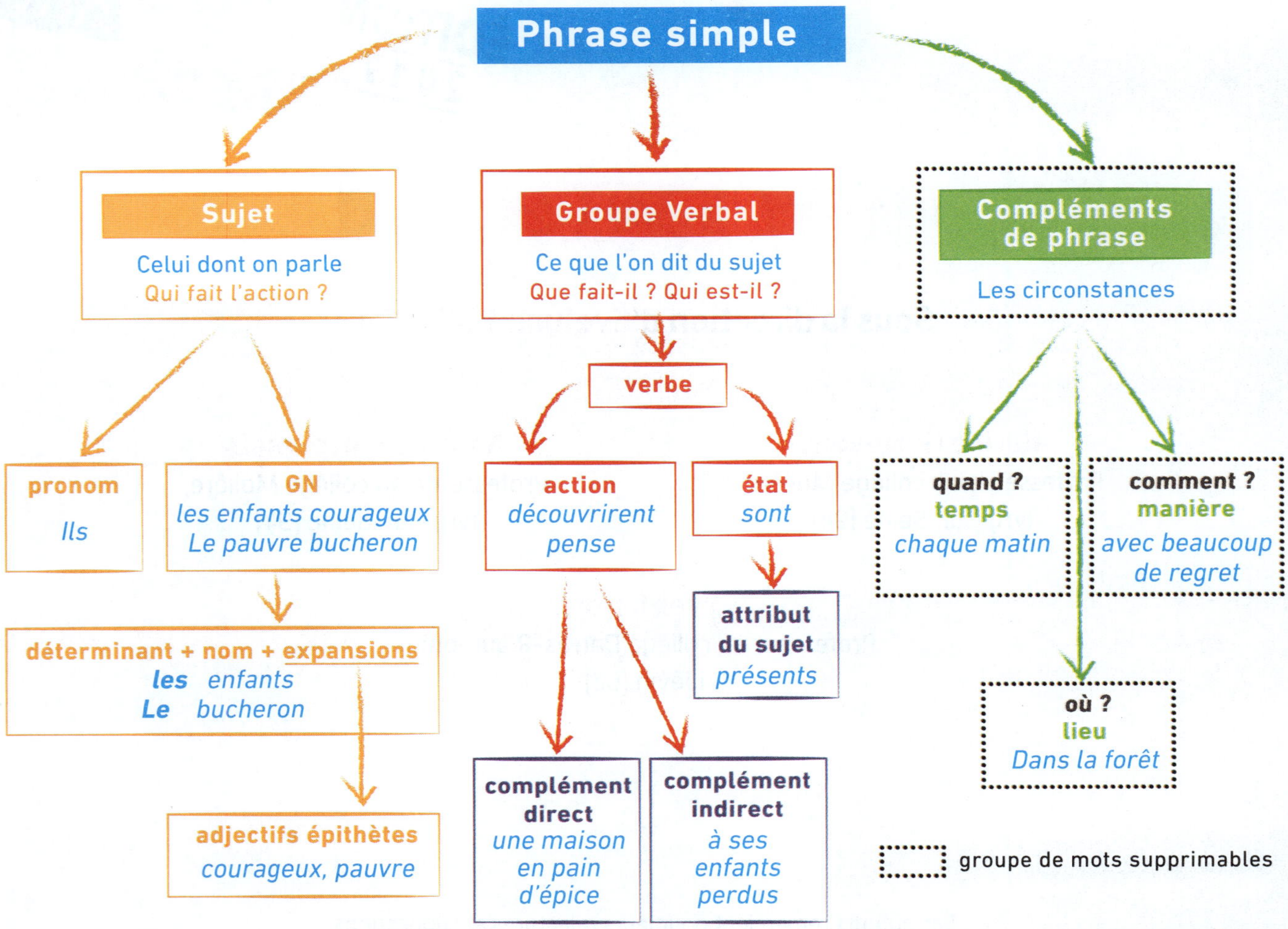

Classes grammaticales

- déterminant
- nom
- adjectif
- pronom
- verbe
- adverbe
- préposition

Fonctions

Dans un groupe nominal :
- épithète
- complément du nom

Dans une phrase :
- sujet
- complément du verbe
  - complément direct
  - complément indirect
  - attribut du sujet
- complément de phrase

Couverture : Marc & Yvette (maquette), Juliette Baily (illustrations)
Création maquette intérieure : Aude Cotelli Mise en pages : STDI
Illustrations : Frédérique Rich
Responsables d'édition : Mirna Bousser, Aurélie Joubert-Mérandat
Édition : Isabelle Dubois, Colombe Camus Relecture : Vanessa Colnot

www.magnard.fr – ISBN : 978-2-210-10763-2
Achevé d'imprimer en mars 2017 par "Imprimerie IPS en France"
Dépôt légal : avril 2017 – N° éditeur : 2017_0009

Sommaire

Le lexique

Autour du nom

Le verbe

La phrase

Le texte

Méthodes

Programme d'enseignement du cycle des approfondissements (cycle 3) – Français

Bulletin officiel n° 11 du 26 novembre 2015

Le cycle 2 a permis l'acquisition de la lecture et de l'écriture. Le cycle 3 doit consolider ces acquisitions afin de les mettre au service des autres apprentissages dans une utilisation large et diversifiée de la lecture et de l'écriture. Le langage oral, qui conditionne également l'ensemble des apprentissages et constitue aussi un moyen d'entrer dans la culture de l'écrit, continue à faire l'objet d'une attention constante et d'un travail spécifique. De manière générale, la maitrise de la langue reste un objectif central du cycle 3 et l'intégration de la classe de 6e au cycle doit permettre d'assurer à tous les élèves une autonomie suffisante en lecture et écriture pour aborder le cycle 4 avec les acquis nécessaires à la poursuite de la scolarité.

Le champ du français articule donc des activités de lecture, d'écriture et d'oral, régulières et quantitativement importantes, complétées par des activités plus spécifiques dédiées à l'étude de la langue (grammaire, orthographe, lexique) qui permettent d'en comprendre le fonctionnement et d'en acquérir les règles. [...] La pratique de l'écriture doit être quotidienne, les situations d'écriture variées, en lien avec les lectures, la conduite des projets ou les besoins des disciplines. La langue fait l'objet d'une attention constante en lecture et dans les situations d'expression orale ou écrite afin de faire réfléchir les élèves à son fonctionnement et des séances spécifiques sont consacrées à son étude de manière à structurer les connaissances. Le transfert de ces connaissances lors des activités d'écriture en particulier et dans toutes les activités mettant en œuvre le langage fait l'objet d'un enseignement explicite.

La compétence « Comprendre le fonctionnement de la langue » correspond aux domaines 1 et 2 du socle commun.

Le programme – Compétences linguistiques : étude de la langue BO spécial n° 11 du 26 novembre 2015	Dans le cahier
Maitriser les relations entre l'oral et l'écrit • Ensemble des phonèmes du français et des graphèmes associés. • Variation et marques morphologiques à l'oral et à l'écrit (noms, déterminants, adjectifs, pronoms, verbes).	Leçons p. 16 à 23 J'évalue mes acquis p. 24 Leçons p. 28, 38, 44, 52, 54, 68
Acquérir la structure, le sens et l'orthographe des mots • Observations morphologiques : dérivation et composition, explications sur la graphie des mots, établissement de séries de mots (en lien avec la lecture et l'écriture). • Mise en réseau de mots (groupements par champ lexical). • Analyse du sens des mots : polysémie et synonymie, catégorisations (termes génériques/spécifiques). • Découverte des bases latines et grecques, dérivation et composition à partir d'éléments latins ou grecs, repérage des mots appartenant au vocabulaire savant, construction de séries lexicales.	Leçons p. 8 à 15 J'évalue mes acquis p. 24 Leçons p. 102 à 106 Méthode p. 126
Maitriser la forme des mots en lien avec la syntaxe • Observation des marques du genre et du nombre entendues et écrites. • Identification des classes de mots subissant des variations : le nom et le verbe ; le déterminant ; l'adjectif ; le pronom. • Notion de groupe nominal et accords au sein du groupe nominal. • Accord du verbe avec son sujet, de l'attribut avec le sujet, du participe passé avec *être* (à rapprocher de l'accord de l'attribut avec le sujet). • Élaboration de règles de fonctionnement construites sur les régularités.	Leçons p. 28 à 45 J'évalue mes acquis p. 46 Leçons p. 92 J'évalue mes acquis p. 98
Observer le fonctionnement du verbe et l'orthographier • Reconnaissance du verbe (utilisation de plusieurs procédures). • Mise en évidence du lien sens-syntaxe : place et rôle du verbe, constructions verbales, compléments du verbe et groupe verbal. • Morphologie verbale écrite en appui sur les régularités et la décomposition du verbe (radical-marques de temps-marques de personne) ; distinction temps simples/temps composés. • Mémorisation des verbes fréquents (*être, avoir, aller, faire, dire, prendre, pouvoir, voir, devoir, vouloir*) et des verbes dont l'infinitif est en -er à l'imparfait, au futur, au présent, au présent du mode conditionnel, à l'impératif et aux 3es personnes du passé simple. • Approche de l'aspect verbal (valeurs des temps) abordé à travers l'emploi des verbes dans les textes lus et en production écrite ou orale (le récit au passé simple à la 3e personne, le discours au présent ou au passé composé, etc.).	Leçons p. 48 à 69 J'évalue mes acquis p. 70 Leçons p. 74 à 79 J'évalue mes acquis p. 80 Leçons p. 108 à 111
Identifier les constituants d'une phrase simple en relation avec sa cohérence sémantique ; distinguer phrase simple et phrase complexe • Mise en évidence de la cohérence sémantique de la phrase : de quoi on parle et ce qu'on en dit, à quoi on peut rajouter des compléments de phrase facultatifs. • Mise en évidence des groupes syntaxiques : le sujet de la phrase (un groupe nominal, un pronom, une subordonnée) ; le prédicat de la phrase, c'est-à-dire ce qu'on dit du sujet (très souvent un groupe verbal formé du verbe et des compléments du verbe s'il en a) ; le complément de phrase (un groupe nominal, un groupe prépositionnel, un adverbe ou un groupe adverbial, une subordonnée). • Distinction phrase simple-phrase complexe à partir du repérage des verbes.	Leçons p. 84 à 91 Leçons p. 94 à 97 J'évalue mes acquis p. 98 Leçons p. 112

L'évaluation des compétences dans le cahier

Dans le cahier, le travail sur les compétences est progressif et permet de bien ancrer les connaissances. À chaque étape, l'élève est impliqué dans l'évaluation.

❶ Réactiver des connaissances et compétences acquises

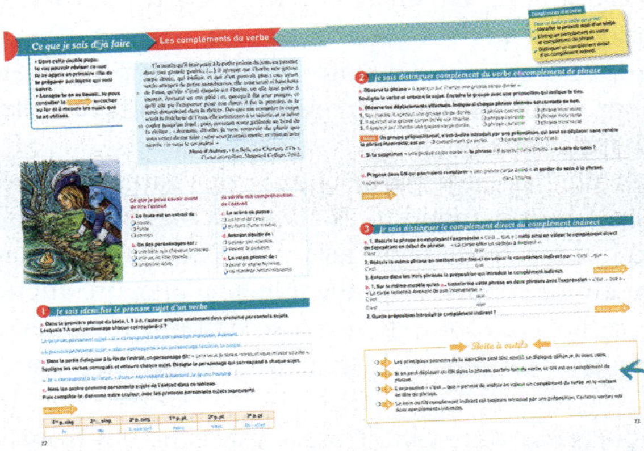

Dans les pages Ce que je sais déjà faire :
- **Je révise ce que j'ai déjà appris.**
- **Je me prépare aux leçons qui suivent.**
- **Je vérifie ce que je sais.**

Compétences réactivées

Dans cet atelier, je vérifie que je sais :
- ✔ Identifier le pronom sujet d'un verbe
- ✔ Distinguer complément du verbe et complément de phrase
- ✔ Distinguer un complément direct d'un complément indirect

Je coche si j'ai utilisé une aide de la boite à outils.

❷ Acquérir de nouvelles connaissances et compétences

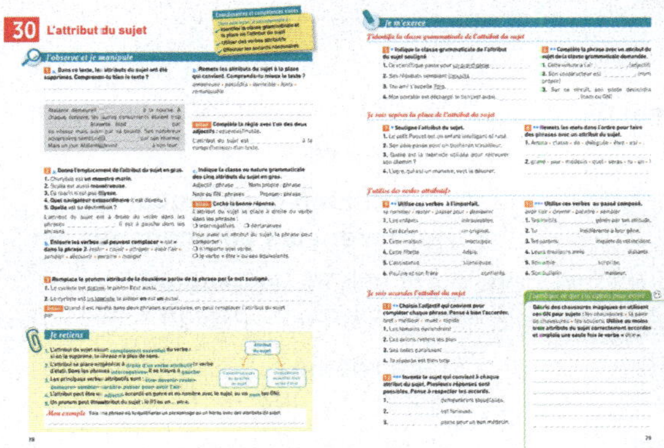

Dans les leçons, j'apprends de nouvelles connaissances et compétences.

Connaissances et compétences visées

Dans cette leçon, je vais apprendre à :
- ✔ Identifier la classe grammaticale et la place de l'attribut du sujet
- ✔ Utiliser des verbes attributifs
- ✔ Effectuer les accords nécessaires

Je complète le smiley en fin de page.

❸ Réinvestir les connaissances et compétences

Dans les bilans « pédagogie différenciée » :
- **J'avance à mon rythme en choisissant le groupe 1, 2 ou 3.**
- **J'évalue mes acquis en complétant le smiley.**

Compétences évaluées J'évalue mes acquis en complétant chaque smiley.	☺ ☹ ☹
1. J'ai distingué compléments directs et indirects.	☺
2. J'ai su repérer l'attribut du sujet.	☺
3. J'ai utilisé les bons pronoms.	☺
4. J'ai effectué les accords nécessaires.	☺

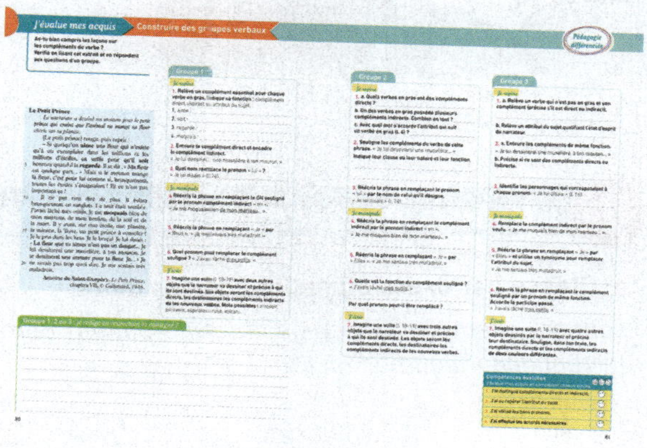

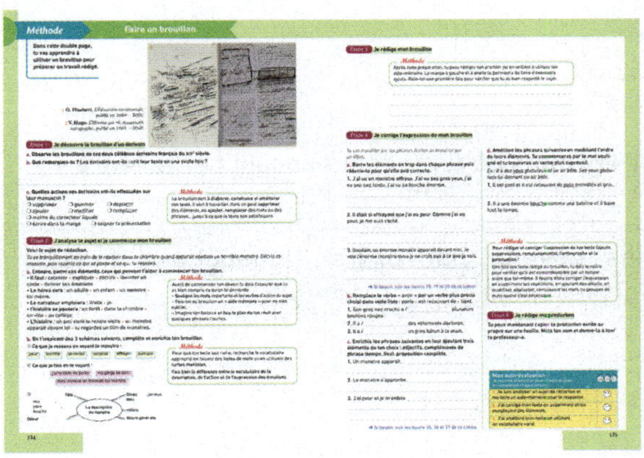

Dans les Méthodes, je réinvestis l'ensemble des leçons travaillées.

La production d'écrits est progressive : régulière dans les leçons, développée dans les Bilans.

Ce que je sais déjà faire — La formation des mots

• Dans cette double page, tu vas pouvoir **réviser** ce que tu as appris en primaire afin de **te préparer** aux leçons qui vont suivre.

• **Lorsque tu en as besoin**, tu peux consulter la *Boîte à outils* et cocher au fur et à mesure les outils que tu as utilisés.

Le Pigeon et le Mille-pattes

Deux champs, l'un réservé au pigeon et l'autre au mille-pattes, étaient côte à côte. Un matin, le mille-pattes surprit le pigeon dans son domaine :

– Eh ! toi, que cherches-tu dans mon champ ; tu profites de mon absence pour parcourir mon territoire ? demanda le mille-pattes à l'oiseau audacieux.

– Je ne faisais que passer. Je partais puiser de l'eau à la rivière pour arroser mes légumes quand tu es arrivé. Je n'ai pas pu emprunter aujourd'hui ma route habituelle parce que la pluie torrentielle de ce matin l'a rendue impraticable. Je n'ai causé aucun dommage. J'ai pris la précaution de suivre le sentier sur lequel tu as l'habitude de passer toi-même. Et cela, pour éviter de piétiner tes plantations.

– Peu m'importe. Ce qui m'intéresse, c'est de ne pas trouver d'étrangers dans mon champ.

K. Kamanda, *Les Contes du griot*, © Magnard Collège, 2005.

Ce que je peux savoir avant de lire l'extrait

a. Le texte est extrait :
❍ d'un conte.
❍ d'une fable.
❍ d'un roman.

b. Les personnages sont :
❍ deux hommes
❍ un homme et un animal
❍ deux animaux

Je vérifie ma compréhension de l'extrait

c. Le champ dans lequel se retrouvent les personnages est :
❍ le champ du mille-pattes
❍ le champ du pigeon

d. Ce champ :
❍ a été piétiné.
❍ est impraticable.
❍ a été traversé.

e. Le mille-pattes est :
❍ désolé de la situation
❍ fâché contre son voisin
❍ ravi de cette journée

I Je sais classer les mots par ordre alphabétique

a. Classe par ordre alphabétique ces mots.

sentier • champ • route • pigeon • mille-pattes • domaine • torrentielle • légumes

....

....

b. Trouve les cinq mots du texte qui manquent dans ce classement alphabétique.

parce que • .... • partir • pas • .... • peu • .... • pigeon • plantation • .... • pouvoir • .... • profiter.

Boîte à outils 1

c. Souligne dans le texte cinq mots dont les premières lettres sont la première et la cinquième voyelles. Classe-les ensuite par ordre alphabétique.

....

Boîte à outils 2

d. Relève les mots du texte commençant par la lettre « t ».

....

Classe-les ensuite par ordre alphabétique (n'écris qu'une fois les mots qui se répètent).

....

Compétences réactivées

Dans cet atelier, je vérifie que je sais :

- ✓ Classer les mots par ordre alphabétique
- ✓ Identifier des ressemblances sonores entre les mots
- ✓ Identifier des relations de sens entre les mots

2 Je sais identifier des ressemblances sonores entre les mots

a. /gn/ peut se prononcer de deux manières différentes. Classe les mots, dans le tableau, selon le son entendu.

agneau • châtaigne • diagnostic • gnome • magnifique • montagne • règne • gnou

/gn/ se prononce comme dans poignée	**/gn/ se prononce comme dans** magnum

b. /ch/ peut se prononcer de deux manières différentes. Classe les mots selon le son entendu.

archéologue • architecte • chirurgien • monarchie • orchestre • psychologue

/ch/ se prononce comme dans chœur	**/ch/ se prononce comme dans** chien

Boite à outils 3

c. Classe ces noms en deux catégories : ceux précédés du déterminant « l' » et ceux précédés de « le » ou « la ».

habit • haricot • hélice • hérisson • histoire • hibou • hochet • hôtel • huile • hutte

1. Avec « l' » : ....

2. Avec « le » ou « la » : ....

Boite à outils 4

3 Je sais identifier les relations de sens entre les mots

a. Entoure le mot qui permet de définir tous les autres.

abeille • guêpe • insecte • mouche • moustique • pou • puce

b. Souligne les mots appartenant au champ lexical de l'oiseau.

une aile • un bassin • un fil • un nid • une plume • un œuf • un pigeon • un toit • une vitrine

c. Encadre en bleu le mot du texte qui est de la même famille que ces mots.

implanter • plante • planteur • planton • plantule

Boite à outils 5

Boite à outils

- ❍ 1 Les 26 lettres de l'alphabet se rangent dans l'ordre suivant : ABCDEFGHIJKLMNOPQRSTUVWXYZ
- ❍ 2 Les 6 voyelles sont : AEIOUY. Les 20 consonnes sont : BCDFGHJKLMNPQRSTVWXZ
- ❍ 3 Le dictionnaire donne la prononciation des mots dans l'Alphabet Phonétique International (A.P.I.). *Ex. le son* [ɲ] *de* ***ligne*** *; le son* [ʃ] *de* ***chat*** *; le son* [k] *de* ***car*** *ou de* ***choriste****.*
- ❍ 4 Devant un *h* aspiré, on emploie les déterminants définis *le* ou *la*, mais pas *l'*.
- ❍ 5 Le champ lexical est l'ensemble des mots en rapport avec un même thème, une même idée.

1 L'origine des mots

Connaissances et compétences visées

Dans cette leçon, je vais apprendre à :

✔ Chercher l'origine d'un mot
✔ Lire des mots latins

J'observe et je manipule

1 Lis cet article de dictionnaire, puis réponds aux questions.

> **ERRER** famille du lat. *errare, erratum* « aller à l'aventure », « se tromper », d'où *aberrare* « s'éloigner » et *aberratio* « diversion » ; *error* « course à l'aventure », « erreur » ; *erroneus* « vagabond » et bas lat. « qui est dans l'erreur » ; *erraticus* « vagabond ».
> ◆ [1] **ERRER** (sav.) fin XIIIe s. : *errare.* ◆ [2] **ERREUR** (probablement sav.) XIIe s. : *error.*
> ◆ [3] **ERRONÉ** (sav.) XIVe s. : *erroneus.* ◆ [4] **ERRATUM** (sav.) XVIIIe s., plur. **ERRATA** (sav.) XVIe s. : mots lat., passé neutre de *errare.* ◆ [5] **ERRATIQUE** (sav.) XIIIe s., rare avant le XIXe s. : *erraticus.* ◆ [6] **ABERRER** (sav.) XVIe s. : *aberrare* : **ABERRATION** (sav.) XVIIe s. « éloignement », XVIIIe s. optique et sens mod. : *aberratio.*
>
> J. Picoche, *Dictionnaire étymologique du français*, © Dictionnaires Le Robert, 2008.

a. **Les mots écrits en *italique* sont-ils en espagnol, en italien ou en latin ?**

....

b. **Entoure l'abréviation répétée dans le premier paragraphe de l'article.**

c. **Quel mot français vient du mot latin *erraticus* ?**

....

d. **Quel mot latin est à l'origine du verbe « errer » ?**

....

....

2 Ces paires de mots français ont la même origine latine : *captif-chétif* • *cause-chose* • *fragile-frêle* • *entier-intègre* • *étroit-strict*.

a. **Classe-les selon leur ressemblance au mot d'origine.**

Mot latin d'origine	Mot français très ressemblant	Mot français moins ressemblant
Ex. *fragilis*	fragile	frêle
captivus		
causa		
integer		
strictus		

b. **Les mots de la colonne centrale sont des « mots savants » car ils sont**

❍ très différents du latin. ❍ peu différents du latin.

3 Cherche l'origine de ces mots dans un dictionnaire : *chocolat* • *dinosaure* • *football* • *handball* • *magasin* • *matelot* • *pantalon*.

Entoure le mot emprunté à la langue arabe ; encadre le mot emprunté à la langue allemande ; souligne le mot fabriqué à partir de deux mots de grec ancien.

bilan **D'après toi, comment le vocabulaire français s'est-il constitué au cours de son histoire ?**

....

....

....

....

Je retiens

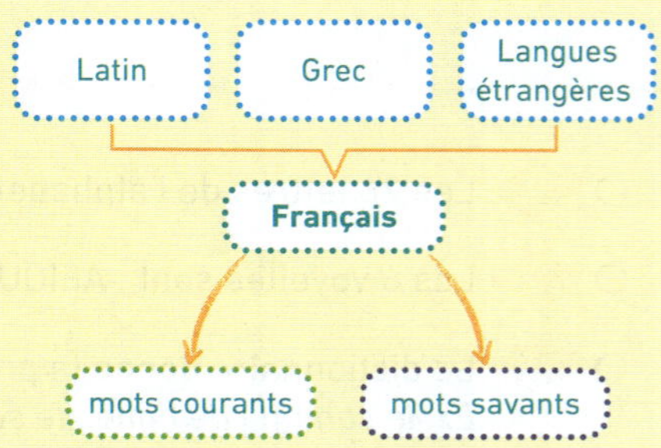

1. Les mots français viennent surtout du **latin**.
2. Les mots courants se sont éloignés du **latin** par la prononciation ; les mots savants ont été créés à partir du latin et du grec.
3. Le français fait des **emprunts** de mots à de nombreuses langues étrangères.
4. Chercher l'origine d'un mot dans le dictionnaire, c'est retrouver son **étymologie**. Celle-ci permet de distinguer certains homonymes.

Mes exemples Trouve deux mots d'origine latine dans le dictionnaire. Écris-les avec leur étymologie.

1. .... **2.** ....

Je m'exerce

Je sais reconnaître l'origine latine des mots

4 a. * Quelle est la langue d'origine des mots français en italique dans le texte ?

....

b. * Souligne un mot français de la même famille qu'*aquarium*.

Sur un *prospectus*, elle lut qu'on offrait un *animal* pour l'achat d'un *aquarium*. L'*omnibus* l'amena au *terminus* devant le magasin. En plus du poisson rouge *gratis*, elle reçut en *bonus* des plantes aquatiques.

5 * Relie chaque mot français au mot latin qui est à son origine.

quatre • unir • duel • trio • septuagénaire • cinq • sieste • décimal • octave • novembre

unus (1) • *duo* (2) • *tres* (3) • *quattuor* (4) • *quinque* (5) • *sex* (6) • *septem* (7) • *octo* (8) • *novem* (9) • *decem* (10)

6 ** Choisis, parmi les mots entre parenthèses, celui qui correspond à l'étymologie indiquée.

1. Les lapins se cachent dans le .... (champ/chant). Étym. *campus*

2. Le renard est tombé dans le .... (puis/puits). Étym. *puteus*

3. Le panneau d'intersection est un triangle avec une .... au centre. (crois/croit/croix) Étym. *crux*

4. Réveille-toi. Il est .... heures. (cet/cette/sept/set). Étym. *septem*

J'identifie la langue d'origine des mots empruntés

7 ** Classe les mots selon leur origine. Aide-toi d'un dictionnaire.

boulevard • *camarade* • *cédille* • *échoppe* • *judo* • *kimono* • *pastille* • *ruban* • *soja*

Néerlandais	Espagnol	Japonais

8 ** Souligne les quinze mots venus de l'italien. Aide-toi d'un dictionnaire.

Dans cette campagne isolée, vivait un brigand. Armé d'un gourdin, il aimait faire du grabuge dans les bourgades environnantes. Ce bandit, avec quelques comparses, dressait des embuscades aux soldats qui le traquaient. Il surgissait à l'improviste. Et aussitôt c'était l'alarme. Par bravade ou avec bravoure, il tirait quelques cartouches et disparaissait incognito.

Je compose des mots savants

ORTHO

9 * Relie la racine grecque à gauche à une racine à droite pour créer un mot savant dont tu vérifieras le sens.**

ophtalmo •	• gramme
hippo •	• chrome
choré •	• logue
kilo •	• drome
poly •	• graphe

10 La racine grecque -ortho- signifie « droit, juste ».

La racine grecque -graph- signifie « écrire ».

Explique la signification du mot « orthographe ».

....

J'applique ce que j'ai appris pour écrire

Je m'initie au latin.

a. En t'aidant des mots trouvés dans la leçon, poursuis la traduction de cette phrase latine.

Septem captivi in puteo sunt.

.... *sont dans un* ....

D'après toi, quel mot latin est à l'origine de la forme verbale sont **?** ....

b. Voici une autre phrase latine.

Unus captivus in campo est.

Quel est le sens du mot souligné ?

....

Propose ta traduction de la phrase latine.

....

2 La formation des mots et les familles de mots

Connaissances et compétences visées

Dans cette leçon, je vais apprendre à :
- ✔ Reconnaitre et utiliser des mots composés
- ✔ Reconnaitre et utiliser des mots dérivés
- ✔ Reconnaitre des familles de mots

J'observe et je manipule

1 Barre l'intrus dans chaque série de mots composés.

1. abat-jour • cache-nez • petit-fils • tire-bouchon • verre à pied
2. bienvenue • brosse à cheveux • fer à repasser • pomme de terre • trait d'union
3. bonjour • grand-père • monseigneur • portefeuille • pourboire

bilan Il existe trois manières de relier des mots. Indique quelle liste correspond à chacune d'elles.

1. par soudure ou juxtaposition : .... 2. avec une préposition : .... 3. avec un trait d'union : ....

2 a. Entoure la partie du corps qui sert de radical dans chaque mot.

Ex. [dos]sard brassard embouchure accoudoir genouillère

b. Complète chaque verbe avec l'un des radicaux trouvés.

Ex. s'a[dos]ser s'ac........er dé........er em........ser s'a........iller

bilan Coche la ou les bonnes réponses. Sur le radical d'un mot, on peut ajouter un élément :

❍ seulement à gauche. ❍ à gauche ou à droite. ❍ seulement à droite.

3 a. Ajoute au verbe *porter* **les préfixes** ap-, com-, re-, sup-. ....

Quelle est la classe grammaticale des mots obtenus ? ....

b. Ajoute au radical -port- **les suffixes** -able, -er, -ier. **Écris chaque mot formé et indique sa classe grammaticale.** ....

bilan Que devient la classe grammaticale du mot quand on change :

– le préfixe ? .... **– le suffixe ?** ....

4 Ces mots appartiennent à la famille de main : maintenir, maintien, manier, manivelle, manucure, manuel, menotte. **Combien de radicaux différents comptes-tu ?** ❍ 2 ❍ 3 ❍ 4 ❍ 5

bilan Coche la bonne réponse.

1. Une famille de mots ne comporte qu'un seul radical. ❍ vrai ❍ faux
2. Une famille de mots peut comporter plusieurs radicaux différents. ❍ vrai ❍ faux

Je retiens

1. Un **mot composé** relie au moins deux mots existants par un trait d'union, une préposition ou en les soudant l'un à l'autre (= en les juxtaposant).
   Ex. un lave-linge, un fer à cheval, bonjour.
2. Un **mot dérivé** se forme sur un **radical** auquel s'ajoutent, à gauche, un ou deux **préfixes** ; à droite, un seul **suffixe**. Le suffixe modifie la classe grammaticale, mais pas le préfixe.
3. Une **famille de mots** est formée de mots ayant le même radical. Certaines possèdent plusieurs radicaux.

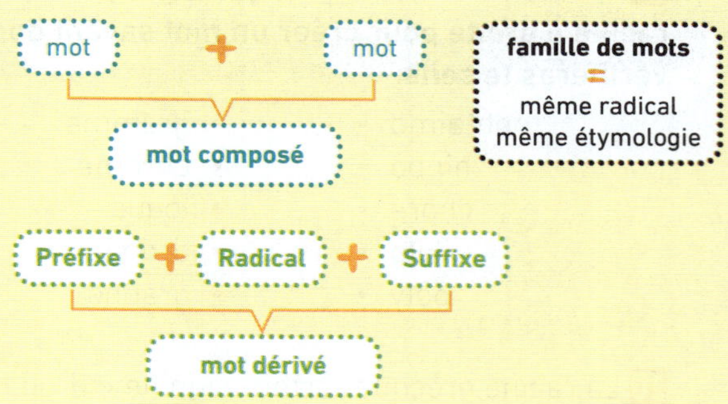

Mon exemple Trouve un exemple de famille de mots qui comprend des mots composés et des mots dérivés.

....

....

Je m'exerce

Je reconstitue des mots composés

5 * **Associe les mots deux par deux pour trouver quatre mots composés.** *fleur • ouest • porte • chou • loup • sud • avion • chien*

....

....

6 ** **Retrouve les six mots composés qui ont été mélangés.** *hors-midi • après-bras • demi-gorge • avant-fort • rouge-jeu • coffre-cercle*

....

....

Je reconnais et utilise des mots dérivés

7 * **Avec le suffixe** -eur, **forme quatre noms de métier associés à des verbes.** Ex. jouer → un joueur

1. .... **2.** .... **3.** .... **4.** ....

8 * **Avec les préfixes** ad-, com-, dé-, per-, pro-, sou-, trans-, **forme sept verbes à partir de** mettre.

....

9 * **Pour chaque mot en gras, trouve les éléments indiqués.**

1. Le but des footballeuses **enflamma** les spectateurs. préfixe : .... radical : ....

2. J'ai oublié mon **portable** sur mon bureau. radical : .... suffixe : ....

3. Il permet d'**emmagasiner** la chaleur du soleil. préfixe : .... suffixe : ....

10 ** **Décompose et analyse les mots de la famille de** *fleur*.

	Préfixe	Radical	Suffixe	Classe grammaticale
fleuriste	/			
floraison	/			
floral	/			
refleurir				

11 *** **Remplace chaque expression en gras par un mot formé avec le préfixe de répétition** (r-, re-, ré-, res-).

1. Tu es **partie à nouveau** pour **trouver à nouveau** tes clés. ....

2. Ils se sont **habillés à nouveau** pour **sortir à nouveau**. ....

3. Elles ont **organisé à nouveau** leur emploi du temps. ....

J'identifie des familles de mots ORTHO

12 ** **Trouve trois familles de trois mots.** *arrivée • avant-bras • bracelet • conforme • dérivation • difformité • embrassade • format • riverain*

1. ....

2. ....

3. ....

13 *** **Trouve trois familles de trois mots.** *bouchée • buccal • clarinette • déboucher • déclarer • éclairer • élucider • luciole • translucide*

1. ....

2. ....

3. ....

J'applique ce que j'ai appris pour écrire

Écris la dictée lue par ton enseignant-e. Relis-toi. Entoure les trois mots composés et souligne trois mots dérivés d'adjectifs (deux adjectifs et un adverbe).

....

....

....

....

....

....

3 Polysémie et champ lexical

Connaissances et compétences visées

Dans cette leçon, je vais apprendre à :

- ✔ Utiliser tous les sens d'un mot polysémique
- ✔ Identifier un champ lexical dans un texte

J'observe et je manipule

1 Lis le texte puis complète les phrases en utilisant deux fois les mots soulignés du texte.

Bilbo, qui ne se méfiait pas, ne vit ce matin-là qu'un vieillard avec un bâton. Il portait un grand chapeau bleu et pointu, une longue cape grise et une écharpe argent, surmontée d'une barbe blanche qui descendait jusque sous la ceinture, ainsi que d'énormes bottes noires.

J. R. R. Tolkien, *Le Hobbit*, trad. de D. Lauzon,

1. Sous le soleil d'été, les .... des épis jaunissaient.
2. La .... de son pantalon est en cuir noir.
3. Gandalf est coiffé d'un .... pointu de sorcier.
4. Le Père Noël porte une .... blanche.
5. Lis le .... d'introduction de ce texte.
6. La .... de feu du Pacifique est formée de volcans.

bilan Le mot souligné a-t-il le même sens dans les deux phrases complétées ?

....

....

Dans la phrase 6, le mot *ceinture* **est employé** ❍ au sens propre. ❍ au sens figuré.

2 Quel nom commun correspond à ces quatre définitions ?

1. Un objet en argile ou en bois recouvert de cire permettant d'écrire dans l'antiquité.
2. Une petite étagère faite d'une planche horizontale.
3. Un produit alimentaire apprécié des gourmands présenté en plaques rectangulaires.
4. Un écran tactile relié aux réseaux numériques.

....

bilan Complète la phrase.

Un .... mot peut avoir plusieurs sens ....

3 a. Trouve le point commun de ces mots.

souris • écran • clavier • logiciel • câble • sacoche.

ordinateur

b. Barre l'intrus parmi ces mots. Explique ton choix.

souris • mulot • lapin • castor • écureuil • ~~chat~~ • rat.

Car c'est le seul qui n'est pas un rongeur.

bilan Qu'est-ce qui permet de trouver le point commun à un ensemble de mots ?

....

....

....

Je retiens

1. Les mots employés pour un **usage précis** (mots techniques ou scientifiques, mots composés…) ont **un seul sens**.
2. Mais la moitié des mots courants ont plusieurs sens, ils sont **polysémiques**.
3. Dans un dictionnaire, la définition commence par le **sens propre** (ou sens premier). Le **sens figuré**, plus imagé, vient ensuite.
4. Le **champ lexical** est un ensemble de **mots se rapportant à une même idée** ou à un mot-clé.

sens propre → sens premier : Je vois la lumière. (= la clarté)

sens figuré → sens imagé : Il nous a apporté ses lumières. (= une aide intelligente)

Mes exemples Écris deux phrases pour illustrer deux sens d'un mot polysémique choisi dans le dictionnaire.

1. ....
2. ....

Je m'exerce

Je distingue les sens d'un mot polysémique

4 * **Entoure le nom d'animal quand il est employé au sens propre (son sens zoologique).**

1. Elle a enlevé la **puce** de son portable.
2. Ce pauvre chien est plein de **puces**.
3. Le Petit Chaperon rouge a peur du **loup**.
4. Tu porteras un **loup** pour le bal masqué.
5. Ces fleurs attirent les **papillons**.
6. Le policier a glissé un **papillon** sous l'essuie-glace.

5 ** **Relie les noms de gauche aux divers sens qui leur conviennent.**

	• Cuve pour le bain
Baignoire •	• Emplacement sur un damier
Case •	• Habitation simple
Loge •	• Logement du gardien
	• Pièce où les acteurs se préparent
	• Loge au théâtre

6 *** **Le mot en gras est-il employé au sens propre ou au sens figuré ?**

1. Regarde-toi dans la **glace**.	❍ au sens propre	❍ au sens figuré
2. Adam va retirer un **paquet** à la poste.	❍ au sens propre	❍ au sens figuré
3. La princesse admirait la décoration du **ciel** de lit.	❍ au sens propre	❍ au sens figuré
4. Ève patine sur la **glace** du lac.	❍ au sens propre	❍ au sens figuré
5. La navigatrice sur son voilier a reçu des **paquets** d'eau.	❍ au sens propre	❍ au sens figuré
6. Galilée observa le **ciel** nocturne à la lunette.	❍ au sens propre	❍ au sens figuré

Je repère un champ lexical

7 * **Souligne en bleu les mots du champ lexical de la lecture et en vert ceux de la magie.**

Dans sa bibliothèque, le sorcier cherchait un volume consacré aux potions magiques. Dès qu'il trouva l'ouvrage, il tourna les pages avec rapidité. La recette qu'il voulait était destinée à un enchantement fort puissant. Après sa lecture, il replaça le livre sur l'étagère.

8 ** **Souligne trois champs lexicaux : le mobilier en bleu, l'océan en vert, le ciel en violet.**

Assise sur un banc, au bord de la plage, Amina regardait les étoiles. Le bruit des vagues berçait doucement sa rêverie. Le scintillement des astres au-dessus de la mer lui procurait une joie qui n'était pas gâchée par la dureté de son siège.

Je nomme et complète un champ lexical

9 *** **Regroupe les mots en champs lexicaux que tu nommeras. Ajoute deux mots à chaque champ lexical que tu as constitué.**

aboyer • aéroport • chiot • haras • hôpital • hôtesse • jument • infirmier • médecin • moteur • niche • patient • pilote • poulain • selle • soigner • toiletteur • voler

Chien : aboyer - chiot - niche -
toiletteur - chienne - nal
Cheval : haras - jument -
poulain - selle - étrier - cavalier
Avion : aéroport - hôtesse
moteur - pilote - voler - ceinture
siège
Médecine : hôpital - infirmier -
médecin - patient - soigner

J'applique ce que j'ai appris pour écrire

a. Lis le texte et donne-lui un titre réunissant les deux champs lexicaux présents.

....

....

Le temps changea brusquement. Une forte tempête s'annonçait. Tous les passagers rejoignirent leurs cabines. Le capitaine restait vigilant à la barre. Poussée par le vent, une forte houle secouait le navire. Des paquets de mer venaient s'écraser sur le pont.
Le vent souffla d'abord par rafales, puis ce fut un souffle puissant continu.

b. Continue ce texte par une phrase qui conserve les mêmes champs lexicaux.

....

....

....

....

4 Synonymes et antonymes

Connaissances et compétences visées

Dans cette leçon, je vais apprendre à :
- ✓ Employer des synonymes
- ✓ Utiliser des antonymes
- ✓ Former des antonymes

J'observe et je manipule

1 Dans la fable *La Cigale et la Fourmi* de La Fontaine, les deux personnages se ressemblent et s'opposent. Aide-toi d'un dictionnaire si nécessaire.

a. Complète la phrase suivante avec l'un de ces adjectifs : *colossale • gigantesque • infime*

Les deux personnages se ressemblent, car la cigale est de petite taille et la fourmi de taille ....

b. Complète la phrase suivante avec le couple d'adjectifs qui convient : *prodigieuse/économique • prospère/étourdie • prodigue/économe*

Les deux personnages s'opposent, car l'une est .... et l'autre ....

bilan Complète la phrase avec les adjectifs *identique* **et** *opposé***.**

Les adjectifs de la phrase **a.** sont de sens .... ceux de la phrase **b.** sont de sens ....

2 a. Classe les verbes selon leur sens.

édifier • construire • ruiner • démolir • ériger • élever • démanteler • abattre

	Même sens que bâtir	**Sens contraire de** bâtir
Verbes proposés		

b. Remplace le mot en gras dans la phrase par un mot de même sens (1), puis par son contraire (2).

Sur ce chantier, les ouvriers **bâtissent** un bâtiment.

1. Sur ce chantier, les ouvriers .... un bâtiment.

2. Sur ce chantier, les ouvriers .... un bâtiment.

bilan Quelle est la classe grammaticale du mot qui peut remplacer un verbe ?

....

3 a. Existe-t-il des noms de sens contraire à *gomme*, *chat* **ou** *taille-crayon* **?** ❍ oui ❍ non

b. Existe-t-il des noms de sens équivalent à *perceuse* **ou** *niche* **?** ❍ oui ❍ non

c. Complète cette phrase.

Pour chaque nom, il n'existe pas forcément un nom de sens .... ou ....

bilan Laquelle de ces deux affirmations est vraie ? Vérifie ta réponse à l'aide d'un dictionnaire.

1. Le mot « synonyme » est le synonyme du mot « antonyme ». Il a le même sens. ❍ Vrai ❍ Faux

2. Le mot « synonyme » est l'antonyme du mot « antonyme ». Il a le sens contraire. ❍ Vrai ❍ Faux

Je retiens

1. Un mot qui a le même sens qu'un autre est son **synonyme**.
2. Un mot qui a le sens contraire d'un autre est son **antonyme**.
3. Un synonyme ou un antonyme ne remplace qu'un mot de même classe grammaticale.
4. Il n'existe pas forcément de synonyme ou d'antonyme pour tous les mots.

mot
→ **synonyme :** de même sens
→ **antonyme :** de sens contraire

Mon exemple Choisis un adjectif (1) puis propose un synonyme (2) et un antonyme (3).

1. .... **2.** .... **3.** ....

Je m'exerce

J'emploie des synonymes

4 * Complète les phrases avec un synonyme du mot entre parenthèses proposé dans la liste.

cité • lutte • murailles • réputation • souverain

1. Gilgamesh est un .... cruel. (roi)
2. Il a construit une .... sans égale. (ville)
3. Ses .... sont infranchissables. (remparts)
4. Il a mené une .... sans merci contre le géant Humbaba. (bataille)
5. Sa .... est universelle. (renommée)

5 ** Complète les phrases avec un synonyme du mot entre parenthèses.

1. Dans les pièces de Molière, les .... sont souvent plus malins que leurs maitres. (valets)
2. Les .... de l'Illustre Théâtre ont parcouru la France. (comédiens)
3. La scène était .... par des bougies. (illuminée)
4. Les médecins mis en scène sont souvent .... (incompétents)

6 ** Remplace les mots en gras par des synonymes.

1. Noé embarque les **animaux** par **paires**.
Noé embarque les .... par ....

2. Tous les habitants du monde **succombent** à cause **du déluge**.
Tous les habitants du monde .... à cause ....

3. La colombe rapporte **une brindille** d'olivier.
La colombe rapporte .... d'olivier.

4. L'arche **vogue** durant quarante jours et quarante nuits.
L'arche .... durant quarante jours et quarante nuits.

J'utilise des antonymes

7 * Complète les phrases avec un antonyme du mot entre parenthèses.

1. L'ogre est un des personnages .... des contes. (gentils)
2. Barbe Bleue gardait sur lui la clé d'une chambre .... (connue de tous)
3. Le monstre ailé posait des questions .... aux passants. (faciles)

8 ** Complète les phrases avec un antonyme du mot entre parenthèses.

1. Le loup est un animal .... (domestique)
2. La grenouille de la fable souffre de sa .... (grandeur)
3. La tortue est .... (rapide)
4. Le renard fait preuve d'.................... . (stupidité)

Je forme des antonymes

ORTHO

9 ** Relie chaque adjectif à un préfixe (colonne de gauche) qui servira à former son antonyme.

dés- •	• mortel
in- (il-, im-...) •	• heureux
mal- •	• agréable

10 * Forme l'antonyme de chaque adjectif à l'aide du bon préfixe :** dés-, mal-, in- (il-, im-...).

honnête →	uni → ....
intéressé →	fini → ....
habile →	humain → ....
connu →	limité → ....
légal →	mature → ....
adroit →	ordonné → ....

J'applique ce que j'ai appris pour écrire

Propose deux réécritures de cette phrase :

L'élève accepte les compliments de son professeur.

1. Remplace les mots soulignés par des synonymes.

....

2. Remplace les mots soulignés par des antonymes.

....

....

Invente une phrase et ses deux réécritures.

....

....

5 Les accents et le tréma

Connaissances et compétences visées

Dans cette leçon, je vais apprendre à :
✔ Différencier et utiliser les accents aigu et grave
✔ Utiliser l'accent circonflexe et le tréma

J'observe et je manipule

> Quand le Créateur eut fini de créer le monde, il lui restait encore une tâche, agréable à vrai dire : il s'agissait de faire à l'une de ses créatures le don de l'immortalité. À qui le ferait-il ? Il hésitait. Évidemment il pensait à Premier Homme, cet être insupportable qui se croyait supérieur aux autres animaux [...]
>
> F. **Rachmuhl**, « La lenteur du caméléon », *18 contes de la naissance du monde*, © Flammarion, 2002.

1 **a.** **Souligne les mots avec un accent aigu. Sur quelle lettre porte l'accent ?** ....

b. **Découpe en syllabes les 1er, 3e et 5e mots soulignés. Par quel son se termine la syllabe qui porte l'accent aigu ?** ....

....

bilan **Où et quand emploie-t-on l'accent aigu ?**

....

....

2 **a.** **Quelles voyelles portent l'accent grave ? Choisis un exemple pour chacune parmi ces mots.**

à • accès • arrière • collège • delà • ère • là • mère • où • près • procès • règlement • très.

....

....

b. **Où se place l'accent grave pour chaque série de mots ?**

1. Accès, près, procès, très : ....

....

2. Arrière, collège, mère, père : ....

....

bilan **Où et quand emploie-t-on l'accent grave ?** ....

....

3 **Les imprimeurs ont introduit l'accent circonflexe dans les livres.**
Ex. « aage » est devenu « âge », « beste » est devenu « bête ». **Pourquoi selon toi ?**

❍ Pour gagner de la place
❍ Pour faire joli

4 **Lis ces phrases.** **1.** Les grains de <u>maïs</u> sont jaunes.
2. Les volets ne sont pas jaunes, <u>mais</u> bleus.
Les mots soulignés ont-ils la même prononciation ? Pourquoi ?

....

....

bilan **Quel signe change la prononciation ?** ❍ L'accent circonflexe ❍ le tréma

Comment doit-on prononcer les lettres ? ....

Je retiens

1. L'**accent aigu** se place sur un **-e** en fin de syllabe et se prononce [e].
Il est fréquent à la fin de certains mots (noms abstraits, participes passés).

2. L'**accent grave** se met sur le **-e** devant une syllabe comportant un **-e muet**.
Il est utilisé pour conjuguer des verbes en **-er** à certains temps. On le trouve aussi : sur des mots finis par **-s** (très, dès, près...) et sur « déjà », « à », « là » et « où ».

3. L'**accent circonflexe** sur **-a**, **-e**, **-o** indique une lettre disparue. Il est facultatif sur -i et -u, sauf en conjugaison et en présence d'homonymes (sur/sûr).

4. Le **tréma** fait prononcer séparément un **-e**, un **-i** ou un **-u**.

la lettre e
↓
accepte tous les accents é è ê ë

Mon exemple Conjugue le verbe « compléter » au présent de l'indicatif.

....

Je m'exerce

Je différencie l'usage de l'accent aigu de celui de l'accent grave

5 * **Entoure les accents aigus et souligne les accents graves.**

1. À cause des ténèbres, il a allumé les lumières extérieures.
2. Les insectes attirés par la luminosité se sont approchés trop près des ampoules.
3. Dès la tombée de la nuit, l'obscurité est profonde.

6 ** **Quel est le nom abstrait formé à partir de chaque adjectif ?** *Ex. : absurde → absurdité*

1. agile : ....
2. facile : ....
3. brutal : ....
4. fertile : ....
5. complice : ....
6. utile : ....
7. égal : ....
8. véloce : ....
9. obscur : ....

7 *** ORTHO **Conjugue au singulier les verbes en gras en employant l'accent qui convient.**

1. **Vous pesez** 200 grammes de farine pour cette recette. Tu ....
2. **Vous célébrez** cet anniversaire en famille. Tu ....
3. **Nous nous séchons** les cheveux après la douche. Je ....
4. **Vous emmenez** ce voisin chez un garagiste. Tu ....
5. **Nous possédons** un chalet à la montagne. Je ....
6. **Vous complétez** ces phrases. Tu ....

J'emploie l'accent circonflexe

8 ** ORTHO **Entoure la forme correcte.** Aide-toi d'un dictionnaire si nécessaire.

1. Juliette a offert un os au petit **matin/mâtin**.
2. Roméo a fait une **tache/tâche** sur sa chemise.
3. L'aviatrice était si **pale/pâle** sur la photo.
4. Rien n'est plus **sur/sûr** que cette information !
5. Tu es trop **jeune/jeûne** pour ce programme.
6. Elles ont **du/dû** partir rapidement.
7. Le kiwi est-il **mur/mûr** ?
8. Le nombre d'abonnés **croit/croît** de jour en jour.
9. **Notre/Nôtre** note est pire que la **votre/vôtre**.
10. Il ne t'a pas **cru/crû**.

J'utilise le tréma ORTHO

9 ** **Barre le mot intrus de chaque série et justifie ton choix à l'aide d'un dictionnaire.**

1. archaïque • égoïste • haïssable • héroïque • païen

....

....

2. baïonnette • faïence • héroïne • maïs • mosaïque

....

....

10 *** **Emploie ces mots dans la bonne phrase.** Aide-toi d'un dictionnaire si besoin.

égoïste • inouïe • stoïque.

1. Le garde est resté .... sous la pluie.
2. Tu es étonné de cette déclaration ....
3. Ne penser qu'à soi est ....

J'applique ce que j'ai appris pour écrire

Pour préparer cette auto-dictée, lis le texte et réponds aux questions.

> J'entrai alors dans une salle à manger, ornée et meublée avec un goût sévère. De hauts dressoirs de chêne, incrustés d'ornements d'ébène, s'élevaient aux deux extrémités de cette salle, et sur leurs rayons à ligne ondulée étincelaient des faïences.
>
> **J. Verne**, *Vingt mille lieues sous les mers*, 1869.

a. **Entoure les participes passés avec -é.**

b. **Souligne les deux exemples d'accent grave avant une syllabe avec un** -e **muet.**

c. **Trouve deux mots où la suite de lettres** -aien- **se prononce différemment.**

....

6 Règles de position : [ɛ] ou [e], [ʒ] ou [g], n ou m

Connaissances et compétences visées

Dans cette leçon, je vais apprendre à :
- ✔ Comprendre les règles de position courantes
- ✔ Les appliquer en orthographe

J'observe et je manipule

1 a. Le son [ɛ] **apparait sous la forme** -è **lorsqu'il précède une syllabe avec un** -e **muet.**
Ex. une esp<u>èce</u> [ɛs] *ou il hal<u>ète</u>* [ɛt].
Pourtant on l'entend aussi dans prin<u>cesse</u> **ou** bou<u>lette</u>.
Quelle règle d'orthographe empêche la présence d'un accent grave sur les suffixes -esse **et** -ette **?**

....

....

b. Le son [ɛ] **apparait aussi dans les mots** <u>es</u>poir, <u>ex</u>pert, <u>ser</u>vir **ou** <u>tech</u>nologie.
Par quel type de lettre se finit la syllabe où se trouve le son [ɛ] **?** ....

bilan **Dans quels cas le son** [ɛ] **n'est-il pas écrit avec un accent ?**

....

....

2 a. Propose trois mots composés du préfixe con- **(du latin** *cum* **: avec) et d'un radical commençant par** -b, -m **ou** -p.
1. con + battre = ...
2. con + mère = ...
3. con + patriote = ...

b. Qu'est-il arrivé à la lettre finale du préfixe ?

....

c. Quel nouvel adjectif obtiens-tu en associant le préfixe in- **(ne...pas) et l'adjectif** mobile **?**

....

bilan **Complète cette règle et propose deux exemples.**
Si le radical commence par **-b**, **-m** ou **-p**, le **-n** du préfixe devient un .... comme dans .... ou ....

3 Range les mots selon le son de la lettre -g.
étage • fragile • gare • guitare • Guy • gyrophare • mangea (elle) • nageoire • navigue (il) • tango

[ʒ] comme dans *jupe*	[g] comme dans *gâteau*

bilan **Complète les règles avec les lettres qui conviennent.**
Pour faire entendre le son [ʒ], la lettre -**g** est suivie d'un -**e** devant .... et ....
Pour faire entendre le son [g], la lettre -**g** est suivie d'un -**u** devant ...., ... et ....
Complète la règle avec des exemples tirés de l'exercice.
Dans la conjugaison des verbes, on garde le radical de l'infinitif, par exemple .... comme dans .... ou .... comme dans ....

Je retiens

1. Pour le son [ɛ], il n'y a pas d'accent sur le **-e** devant une consonne double ni devant un **-x**, ni dans une syllabe finie par un son consonne.
2. Le **-n** devient **-m** devant **-b**, **-m** ou **-p** sauf exceptions.
3. Le **-g** se prononce [g] devant -a, -o, -u et [ʒ] devant -e, -i ou -y, comme dans le suffixe **-age**. Pour avoir [g] avec -e, -i, ou -y, il faut écrire **-gu-**.

n + b/m/p = mb/mm/mp

j + toutes les voyelles et g + e / i / y = [ʒ]

g + a / o / u et gu + e/ i / y = [g]

Mes exemples Trouve un exemple illustrant chacune des règles de position de la leçon.

....

....

Je m'exerce

J'écris le son [ɛ]

4 * Écris en entier les mots suivants et souligne les deux intrus.

1. adr[ɛs] : .... 3. hôt[ɛs] : .... 5. ni[ɛs] : ....
2. dé[ɛs] : .... 4. li[ɛs] : .... 6. pi[ɛs] : ....
7. vieill[ɛs] : .... 8. faibl[ɛs] : ....

5 * Mets ces adjectifs au féminin et ajoute des accents si nécessaire.

1. discret : .... 3. ancien : ....
2. beau : .... 4. inquiet : ....
5. nouveau : .... 6. parisien : ....

6 ** Réécris le texte en corrigeant les accents des mots en gras si nécessaire.

Renè et **Stéphanie prénnent** tous les jours **cètte** ligne d'autobus. Le conducteur est un homme **rèsponsable** qui **respécte** les limitations de **vitèsse**. Les **collégiens apprècient** son **amabilité** et sa **gentillèsse**. Mais ce qui les rassure, c'est sa **ponctualite**. C'est un **éxemple** pour tous.

....

Je place -m devant -b, -m, -p

7 ** Remets dans l'ordre les lettres pour obtenir un mot qui réponde à la définition donnée.

1. Petit parasol portatif de dame : E E O B L L M R ....
2. Onzième mois : E E O B M N R V ....
3. Ville du Nord où on fait des bêtises : A A I B C M R ....
4. Mener quelqu'un avec soi : E E E M M N R ....
5. Qui n'est pas mobile : E I I O B L M M ....
6. Lieu de repos chez soi : A E B C H M R ....

Je distingue les emplois de [g] et [ʒ]

8 * Recopie les phrases en remplaçant [ʒ] par l'orthographe qui convient.

1. La [ʒ]eune athlète a re[ʒ]oint le [ʒ]ymnase.

....

2. Dans son don[ʒ]on, le [ʒ]éant protè[ʒ]e ses trésors.

....

3. Les pi[ʒ]ons conver[ʒ]ent au centre du [ʒ]ardin.

....

9 ** Recopie les phrases en remplaçant [g] ou [ʒ] par l'orthographe qui convient.

Le chat [g]ette la souris.

....

Elle [ʒ]ette un dernier regard à sa maison.

....

J'applique ce que j'ai appris pour écrire

Écris la dictée lue par ton enseignant-e. Relis-toi à l'aide de ces repérages :

a. Souligne quatre mots où le son [ʒ] est donné par la lettre -g.
b. Encadre deux mots où le son [ʒ] est donné par une autre lettre que -g.
c. Entoure deux mots où la lettre -g s'entend [g].

....

7 Le son [s] et les liaisons

Connaissances et compétences visées

Dans cette leçon, je vais apprendre à :

- ✔ Retrouver les différentes façons d'écrire le son [s]
- ✔ Entendre et faire entendre les liaisons orales

J'observe et je manipule

1 Lis ce texte et coche la bonne réponse.

Il s'agit

❍ d'un dialogue de théâtre.

❍ d'un dialogue de roman.

BOBÉCHOTTE : [C'est le] petit nangora que m'a donné la concierge, et, à cet égard-là, il n'y a pas mieux. Un vrai amour de petit nangora, figure-toi ; pas plus gros que mon poing, avec des souliers blancs, des yeux comme des cerises à l'eau-de-vie, et un bout de queue pointu, pointu, comme l'éteignoir de ma grand'mère… Mon Dieu, quel beau petit nangora !

GUSTAVE : Je vois, au portrait que tu m'en traces, qu'il doit être, en effet, très bien. Une simple observation, mon loup ; on ne dit pas : un petit nangora.

BOBÉCHOTTE : Tiens ? Pourquoi donc ?

GUSTAVE : Parce que c'est du français de cuisine.

BOBÉCHOTTE : Eh ben, elle est bonne, celle-là ! Je dis comme tu m'as dit de dire.

GUSTAVE : Oh ! Mais pas du tout ; je proteste. Je t'ai dit de dire : un angora, mais pas : un petit nangora. (*Muet étonnement de Bobéchotte*) C'est que, dans le premier cas, l'*a* du mot angora est précédé de la lettre *n*, tandis que c'est la lettre *t* qui précède, avec le mot *petit*.

G. Courteline, « Le Gora », *Les Lieds de Montmartre*, 1922.

2 Observe les passages surlignés de la première réplique de Bobéchotte.

a. Quelles lettres font entendre le son [s] ? ……………………………………

b. Quand entends-tu le son [z] ? ……………………………………

……………………………………

bilan Quels sons peut produire la lettre -s ? ……………………………………

3 Dans la dernière réplique, Gustave reproche à Bobéchotte sa prononciation.

a. Comment Bobéchotte nomme-t-elle son chat dans la première réplique ?

……………………………………

b. Comment Gustave rectifie-t-il la prononciation dans la réplique finale ?

……………………………………

bilan À quel mot appartient la lettre qui fait liaison ?

❍ La lettre qui fait la liaison appartient au mot suivant.

❍ La lettre qui fait la liaison appartient au mot précédent.

Je retiens

1. Le **son** [s] s'écrit **-s**, **-c**, **-ss**, **-sc**, **-ç** et parfois **-t**. La lettre **-s** se prononce [z] entre deux voyelles.
2. La **liaison** se fait :
   – **en** [z] après les déterminants, les pronoms sujets pluriels, ainsi qu'après *deux*, *six*, *dix* ou certains mots invariables comme *chez* ou *très*.
   – **en** [n] après *un*, *mon*, *ton*, *son* et le pronom sujet *on*.
   – **en** [t] après *quand*, après les 3e personnes de *être* ou dans les phrases interrogatives (ex. : Que *dit-il* ?).

Les écritures du son [s]

s | ss | sc | c | ç | t

Mes exemples Propose un exemple pour chacun des trois principaux sons de liaison.

……………………………………

……………………………………

Je m'exerce

Je repère les différentes façons d'écrire le son [s]

4 * **Entoure en vert les 4 sons [s] et en rouge les 2 endroits avec le son [z].**

Comme on savait que ces filles étaient fort riches, plusieurs gros marchands les demandèrent en mariage, mais les deux aînées répondirent qu'elles ne se marieraient jamais, à moins qu'elles ne trouvassent un duc, ou tout au moins un comte.

Mme Leprince de Beaumont, *La Belle et la Bête*, 1757.

5 ** **Entoure un exemple de son [s] rendu par un -c, par un -ç et par un -t. Encadre la liaison en [z].**

Il y avait une fois un marchand qui était extrêmement riche. Il avait six enfants, trois garçons et trois filles ; et, comme ce marchand était un homme d'esprit, il n'épargna rien pour l'éducation de ses enfants, et leur donna toutes sortes de maîtres.

Mme Leprince de Beaumont, *La Belle et la Bête*, 1757.

J'écris de différentes façons le son [s]

6 * **Complète les phrases avec le son [s].**

1. Ton ......ac est pre......que prêt.

2. Ce gar......on commen......e à dévi......er le boitier d'un di......que dur.

3. Tu as tort. Fin de la di......cu......ion.

4. Vous avez per......é le ......ecret de leur réu......ite.

7 ** **Complète les phrases avec le son [s].**

1. De toute fa......on, tu ne sais pas ta le......on.

2. J'en ai a......ez de cette situa......ion !

3. ......et achat n'est pas né......e......aire.

4. Nous de......endons pré......ipitamment les e......caliers.

J'entends les liaisons entre les mots

8 ** **Entoure les liaisons entendues dans les phrases.**

1. Tes enfants ont deux ans et dix ans.
2. Ils ont trouvé de vieux albums chez un bouquiniste.
3. Elles adorent les activités de plein air.
4. Quand ils sont arrivés, ils se sont assis très épuisés.

9 ** **Mets ces phrases au pluriel et souligne les liaisons obtenues.**

1. Mon ami a acheté une console d'occasion.

....

2. Il a envoyé son adversaire au tapis.

....

Je prépare une auto-dictée

ORTHO

10 **Écoute la dictée lue par ton enseignant-e. Souligne les liaisons que tu entends. Pourquoi la liaison aide-t-elle à écrire** pauvre<u>s</u> **?**

....

....

Entoure les sons [s] puis apprends ton auto-dictée.

Il était une fois un bûcheron et une bûcheronne qui avaient sept enfants tous garçons. L'aîné n'avait que dix ans, et le plus jeune n'en avait que sept. Ils étaient fort pauvres, et leurs sept enfants les incommodaient beaucoup, parce qu'aucun d'eux ne pouvait encore gagner sa vie.

C. Perrault, *Le Petit Poucet*, 1697.

J'applique ce que j'ai appris pour écrire

À toi de préparer une dictée de cinq lignes en lien avec la leçon. Dans ton texte, tu souligneras les liaisons et les mots contenant le son [s].

....

....

....

....

....

....

....

8 Les homonymes lexicaux

Connaissances et compétences visées

Dans cette leçon, je vais apprendre à :

- ✔ Repérer des homonymes lexicaux courants
- ✔ Distinguer un nom de son homonyme verbal

J'observe et je manipule

1 Lis le poème. Avec quelle sonorité joue le poète ? Avec quels mots ?

....

....

....

Quels sens peux-tu donner au mot écrit « vers » ? (3 solutions possibles)

....

....

HOMONYMES

Il y a le vert du cerfeuil
Et il y a le ver de terre.
Il y a l'endroit et l'envers,
L'amoureux qui écrit en vers,
Le verre d'eau plein de lumière,
La fine pantoufle de vair
Et il y a moi, tête en l'air,
Qui dis toujours tout de travers.

M. Carême, extrait de *Le Mât de cocagne*,
© Fondation Maurice Carême, DR.

bilan Complète les phrases avec l'adjectif qui convient le mieux : différent(es) **ou** identique(s)**.**

Un même son à l'oral peut donner à l'écrit plusieurs orthographes ....

Une même orthographe et un même son peuvent donner des mots de sens ....

2 Complète ces couples de phrases avec des mots de même orthographe, mais de sens différent.

1. Le capitaine demanda au ...., le plus jeune matelot, de laver le pont du bateau.

2. Au dessert, nous avons eu de la .... au chocolat.

1. Elle a emmené .... amie avec elle en vacances.

2. Comme il entend mal, il monte toujours le ....

bilan Pour chaque phrase, compare la classe grammaticale du mot 1 et du mot 2. Que peux-tu conclure ?

....

....

3 Lis ces phrases à haute voix.

1. Chevalier, tu dois te fier à ton fier destrier ! **2.** Les fils du propriétaire ont arraché les fils électriques.
3. Écoute l'histoire qu'elles te content et prends l'air content ! **4.** Ça me convient qu'ils te convient à la fête.

bilan Quelle remarque peux-tu faire sur chaque phrase ?

....

....

Je retiens

1. Les **homonymes lexicaux** sont des **noms**, des **adjectifs** ou des **formes verbales** qui se ressemblent par le son (les **homophones**) ou l'orthographe (les **homographes**). Mais leur sens est différent.

2. Pour choisir la bonne orthographe, il faut examiner le reste de la phrase : le sens des autres mots, la présence d'un déterminant ou d'un pronom permettent d'identifier la forme exacte.

Homonymes : mots de sens différent

- ressemblance d'écriture = homographes
- ressemblance de son = homophones

Mon exemple Choisis un nom homonyme d'une forme verbale dans un dictionnaire d'homonymes.

....

Je m'exerce

Je choisis entre plusieurs noms homonymes

4 * **Entoure l'homonyme correct.** Aide-toi d'un dictionnaire pour trouver l'orthographe exacte.

1. C'est un *repaire/repère* de brigands.
2. Ce panneau est un point de *repaire/repère*.
3. Petit Poucet chausse les bottes de sept *lieus/lieux/lieues*.
4. Les pompiers arrivent sur les *lieues/lieus/lieux*.

5 ** **Barre les homonymes qui ne conviennent pas.** Au besoin, aide-toi d'un dictionnaire.

1. Tom essaie d'attirer l'attention de Becky par une *tous/tout/toux* discrète.
2. Plusieurs *foi/foie/fois* il se fait repérer.
3. Mais il n'est pas *cent/sang/sans* ressource.
4. Il fait sortir d'une boite un scarabée aux reflets *verres/vers/verts*.

6 *** **Complète avec le bon homonyme.** Tu peux consulter un dictionnaire.

1. Cette tempête en .... fut effrayante. La .... protégea son enfant. — *maire/mer/mère*
2. Passepartout se retrouve sans un .... au Japon. Il passe .... le pont. — *sou/soul/sous*
3. Ils l'ont attendu en .... sur le port. Il est .... heures. — *vain/vin/vingt*
4. Le billet avait un .... exorbitant. Sur le ...., il a hésité. — *cou/coup/cout*

Je choisis entre un nom et une forme verbale homonymes

7 ** **Barre l'homophone qui ne convient pas. Indique si celui choisi est un verbe ou un nom.**

1. Le singe pousse un *cri/crie* d'alarme. ....
2. La boxeuse *défi/défie* son adversaire du regard. ....
3. Votre oncle se *mari/marie* demain à la mairie. ....
4. Il va gagner, je t'en fais le *pari/parie*. ....
5. Personne ne se *souci/soucie* de son bien-être. ....

8 ** **Complète chaque phrase avec un verbe homonyme de l'un de ces cinq noms :** appel • flair • oubli • pli • ski. **Accorde le verbe comme il convient.**

1. Avant de partir, tu .... tes vêtements dans ta valise.
2. Les moniteurs .... les jeunes voyageurs.
3. Le chien des gendarmes .... les bagages par sécurité.
4. Il y a toujours quelqu'un qui .... sa trousse.
5. Les collégiens .... tous les jours avec délice.

9 *** **Souligne les noms et entoure les verbes des cinq paires d'homonymes du texte.**

Dès son réveil, le coq lance son appel qui réveille toute la ferme. Tout le monde doit se mettre au travail. Fils et filles obéissent au fermier au doigt et à l'œil. Ils travaillent sans rechigner. Jamais un cri de protestation. Le fermier appelle ses bêtes pour les emmener au pré. Un voisin, sur son tracteur, lui crie bonjour en le croisant sur le chemin.

Je prépare la dictée

ORTHO

10 ** **Entoure le bon mot.**

1. Il est (sur/sûr) de lui. Il est (sur/sûr) le banc.
2. Elle est dans le (pré/près). Il est (pré/près) d'elle.
3. Il fait un (bon/bond). Il est (bon/bond).
4. Il passe la (haie/hait). Il la (haie/hait).
5. Vous n'avez plus le (tant/temps). (Tant/Temps) pis pour vous !
6. Le coq a deux (pâtes/pattes). Je veux des (pâtes/pattes) !
7. Veux-tu du (flan/flanc) ? J'ai mal au (flan/flanc).
8. Elles (sont/son) inséparables. C'est (sont/son) amie depuis la maternelle.

J'applique ce que j'ai appris pour écrire

Écris la dictée lue par ton enseignant-e. Relis-toi. Vérifie que tu as choisi le bon homonyme.

Thésée et le Minotaure

....

....

....

....

....

....

....

J'évalue mes acquis — Enrichir son vocabulaire

As-tu bien compris les leçons sur le lexique ? Vérifie en lisant cet extrait et en répondant aux questions d'un des trois groupes.

Ève découvre les étoiles

Les étoiles ne sont pas mal non plus. J'aimerais bien m'en trouver quelques-unes pour les mettre dans mes cheveux. […] La première fois qu'elles sont apparues, la nuit dernière, j'ai essayé d'en gauler plusieurs mais ma perche n'était pas assez longue, ce qui m'a surpris ; je suis ensuite passée aux mottes de terre, jusqu'à épuisement, mais je n'en ai pas décroché une seule. *Ça, c'est parce que je suis* ***gauchère*** *et que je ne sais pas* ***bien*** *lancer.* Même en visant la mauvaise, je n'ai jamais pu toucher la bonne, c'est vous dire, mais à quelques occasions, je ne suis pas passée loin : au moins quarante ou cinquante fois, j'ai vu de mes yeux la boule noire de ma motte arriver au beau milieu des grappes dorées, et chaque fois, elle les a ratées d'un cheveu. […]

Je me suis reposée, j'ai pris un panier, et je suis partie vers l'extrémité inférieure du demi-cercle, là où les étoiles touchaient presque la terre, et où je pourrais les ramasser à la main, ce qui serait à tous égards préférable : j'allais pouvoir les cueillir délicatement, avec tendresse, sans risque de les meurtrir.

M. Twain, *Journal d'Adam et Journal d'Ève*, trad. F. Michalski, L'Œil d'Or, 2004.

Groupe 1

Je repère

1. Comment est formé le nom « demi-cercle » (l. 18-19) **? Donne un exemple de mot formé de la même manière.** ……………………

……………………

2. À quel champ lexical appartiennent les mots soulignés ? ……………………

……………………

3. Souligne dans le mot gauler (l. 5) **les lettres qui forment un nom commun synonyme de** perche.

4. Surligne en jaune deux adjectifs qui ont un accent grave comme gauchère (l. 9).

Je manipule

5. Donne le contraire des deux mots en gras de la phrase en italique. ……………………

6. Remplace le suffixe de délicatement (l. 22) **par le suffixe** « -esse ».
Quel mot obtiens-tu ? ……………………

7. Encadre un homonyme de « foie » dans le texte. Il apparait à trois reprises.

J'écris

8. Ève raconte sa tentative pour cueillir des étoiles. Utilise des mots de la famille de « main » **:** main • manier • manipuler • maintenir.

Groupe 1, 2 ou 3 : *je rédige en respectant la consigne 8*

……………………

Groupe 2

Je repère

1. Comment s'appelle le type de formation du nom demi-cercle ? ....

Forme un autre nom avec « demi » pour premier élément. ....

2. Les mots soulignés appartiennent au même champ lexical. Entoure, dans le second paragraphe, un autre mot appartenant à ce même champ lexical.

3. Donne un nom de la famille de « gauler » (l. 5) synonyme de « perche ». ....

4. Surligne en jaune deux autres mots de la même classe grammaticale que « gauchère » (l. 9) et qui ont aussi un accent grave.

Je manipule

5. Réécris la phrase en italique et remplace les mots en gras par leur antonyme.

....

....

6. En remplaçant le suffixe de délicatement (l. 22) par le suffixe « -esse », on obtient

❍ un adverbe. ❍ un nom. ....

7. Quel nom homonyme de « foie », présent dans le texte, est aussi utilisé dans les tables de multiplication ? ....

J'écris

8. Ève raconte sa tentative pour cueillir des étoiles. Utilise des mots du champ lexical du corps et des mots de la famille de « main ».

Groupe 3

Je repère

1. Souligne en bleu le nom composé du texte. Donne un autre nom formé avec le même premier élément. ....

2. Nomme le champ lexical auquel appartiennent les mots soulignés. Entoure un autre mot qui en fait partie. ....

....

3. Quel nom synonyme de « perche » (l. 5) est homonyme du pays d'Astérix ?

....

....

4. Surligne en jaune quatre mots qui ont un accent grave, dont deux adjectifs.

Je manipule

5. Réécris la phrase en italique en exprimant le contraire des mots en gras. ....

....

6. De quel mot l'adverbe « délicatement » (l. 22) est-il dérivé ? Propose un mot de la même famille avec un autre suffixe.

....

....

7. Encadre un mot qui a deux homonymes. Nomme-les. ....

....

J'écris

8. Ève raconte sa tentative pour cueillir des étoiles. Utilise des mots du champ lexical du corps et des mots de la famille de « main ». Emploie au moins deux adjectifs féminins comportant un accent grave.

Compétences évaluées J'évalue mes acquis en complétant chaque smiley.	☺ 😐 ☹
1. J'ai repéré des mots composés et des mots dérivés.	
2. J'ai su utiliser des synonymes et des antonymes.	
3. J'ai distingué champ lexical et famille de mots.	
4. J'ai su repérer et utiliser l'accent grave.	

Ce que je sais déjà faire — Le groupe nominal

• Dans cette double page, tu vas pouvoir **réviser** ce que tu as appris en primaire afin de **te préparer** aux leçons qui vont suivre.
• **Lorsque tu en as besoin**, tu peux consulter la Boite à outils et cocher au fur et à mesure les outils que tu as utilisés.

Il y avait une fois un pauvre bûcheron qui demeurait au coin d'un bois avec sa femme et ses deux enfants : un garçon qui s'appelait Hänsel et une fille du nom de Gretel. Ils avaient peu de chose à se mettre sous la dent et une année qu'il vint une grande famine, il fut impossible à l'homme de gagner le pain quotidien.

Une nuit qu'il se tournait et se retournait dans son lit sous le poids des tourments, il dit à sa femme : « Qu'allons-nous devenir ? Comment nourrir nos pauvres enfants, quand nous n'avons plus rien pour nous-mêmes ? »

Grimm, *Hänsel et Gretel*, trad. Ch. Deulin, 1878.

Ce que je peux savoir avant de lire l'extrait

a. Cet extrait se situe :

❍ au début de l'histoire.
❍ au milieu de l'histoire.
❍ à la fin de l'histoire.

b. Le (ou les) héros de l'histoire sera (ou seront) :

❍ le bucheron.
❍ Hänsel et Gretel.
❍ le bucheron et sa femme.

Boite à outils 1

Je vérifie ma compréhension de l'extrait

c. Combien la famille compte-t-elle de personnes ? ....

....

....

d. Pourquoi le bucheron est-il tourmenté ? Justifie ta réponse à l'aide des mots du texte.

....

....

....

....

1 Je sais repérer un nom

a. Dans la première phrase du texte, souligne les noms communs et encadre les noms propres.

Boite à outils 2

b. Trouve dans le texte :
– **un nom qui désigne un objet** ....
– **un nom qui désigne un moment** ....
– **deux noms désignant des êtres vivants** ....
– **un nom qui exprime un sentiment** ....

2 Je sais distinguer le genre et le nombre

a. Indique le genre et le nombre de ces noms du texte.

Noms	Masculin	Féminin	Singulier	Pluriel
nuit				
poids				
dent				
homme				
enfants				
bois				

b. De quels mots t'es-tu aidé-e pour trouver le nombre des noms « poids » et « bois » **? Pourquoi ?**

....

....

....

....

Boite à outils 3

Compétences réactivées

Dans cet atelier, je vérifie que je sais :

- ✓ Repérer le nom et distinguer noms propres et communs
- ✓ Distinguer le genre et le nombre
- ✓ Repérer les mots qui vont avec le nom (le groupe nominal)
- ✓ Retrouver les mots que remplacent les pronoms

3 Je sais repérer les mots qui constituent le groupe nominal

a. Retrouve et écris les mots qui précèdent ces noms et ceux qui les précisent, puis indique leur genre et leur nombre.

bucheron (l. 1) : ....

famine (l. 5) : ....

pain (l. 5) : ....

enfants (l. 9) : ....

b. Quel constat peux-tu faire ?

....

c. Mets au pluriel les groupes nominaux singuliers relevés dans le a.

....

Boite à outils 4

4 Je sais retrouver les mots que remplacent les pronoms

a. Qui est désigné par le pronom « il » (l. 7) ? ❍ Hänsel ❍ la femme ❍ le bucheron

b. Quels sont le genre et le nombre de ce pronom et du nom qu'il remplace ?

....

c. Quel constat peux-tu faire ?

....

d. Quel pronom utiliserais-tu pour remplacer Gretel ? .... **Hänsel et Gretel ?** ....

Boite à outils 5

Boite à outils

❍ 1 Aide-toi du paratexte (informations autour du texte) et des premiers mots du texte.

❍ 2 Le nom commun est toujours précédé d'un petit mot appelé « déterminant » et qui peut être remplacé par « un, une ou des » (« des » s'écrit « de » devant un adjectif). Le nom propre commence toujours par une majuscule.

❍ 3 Le genre d'un mot peut être masculin ou féminin. On parle de nombre pour indiquer s'il est au singulier (un seul) ou au pluriel (plusieurs). Le pluriel est le plus souvent marqué par la présence d'un -s à la fin du mot. On peut s'aider du déterminant pour connaitre le genre et le nombre d'un nom.

❍ 4 Le nom et son déterminant forment le groupe nominal (GN) minimal. D'autres mots peuvent enrichir le GN, notamment des adjectifs qui apportent des précisions sur le nom.

❍ 5 Quand un nom masculin est coordonné avec un ou plusieurs noms féminins, l'accord se fait au masculin.

9 Le nom

Connaissances et compétences visées

Dans cette leçon, je vais apprendre à :

- ✔ Identifier un nom et déterminer s'il est commun ou propre
- ✔ Repérer son genre et son nombre
- ✔ Orthographier son pluriel

J'observe et je manipule

1 a. Écris les déterminants « un », « une », « des » ou « cette » devant les mots quand cela est possible.

1. .... mot
2. .... cailloux
3. .... souvent
4. .... Européens
5. .... mangent
6. .... Italienne
7. .... jardin
8. .... Grec
9. .... tristesse

b. À quelle classe grammaticale appartiennent les mots précédés d'un déterminant ? ....

c. Souligne les noms propres. Comment les as-tu identifiés ? ....

bilan **Par quels moyens peut-on identifier un nom commun ? Un nom propre ?** ....

....

2 Souligne les noms masculins et encadre les noms féminins : *fils • bucheron • mères • misère • gaité • ogres • forêt • ogresse • bottes • cailloux.*

bilan **Comment as-tu procédé pour déterminer le genre de ces mots ?**

....

....

....

3 Observe ces couples de mots : *un ami/une amie • un boulanger/une boulangère • un chat/une chatte • un facteur/une factrice • un sportif/une sportive • un vendeur/une vendeuse • un âne/une ânesse.*

bilan **Explique comment on passe du masculin au féminin.** ....

....

....

4 a. Complète le tableau avec ces noms : *magicienne • nez • animaux • prix • dieux • sorcier • tables • joie • enfants • chou • contes • cheveu • cailloux • souris • maisons • princes • légendes.*

Singulier	Pluriel	Singulier ou pluriel

b. Quelles sont les lettres qui marquent le pluriel ?

....

bilan **Pourquoi ne peux-tu pas savoir si certains noms sont singuliers ou pluriels ?**

....

....

Je retiens

1. **Le nom** est une **classe grammaticale**. Il a **un genre, masculin** ou **féminin**, donné par le dictionnaire. Et il varie en **nombre** : **singulier** ou **pluriel**.
2. **Les noms communs** sont **précédés d'un déterminant**.
3. **Le nom propre** commence par une majuscule. Il désigne une personne ou un lieu qui est unique.
4. Le pluriel se fait souvent en ajoutant un **-s**, mais certains noms changent de terminaison, d'autres ne varient pas.
   – Les noms en **-au, -eau et -eu** prennent un **x** au pluriel sauf *landau, pneu, bleu.*
   – Les noms en **-ou** prennent un **-s** au pluriel sauf *bijou, caillou, chou, genou, hibou, joujou, pou* qui prennent un **-x**.
   – La plupart des noms en **-al** font leur pluriel en **-aux**.

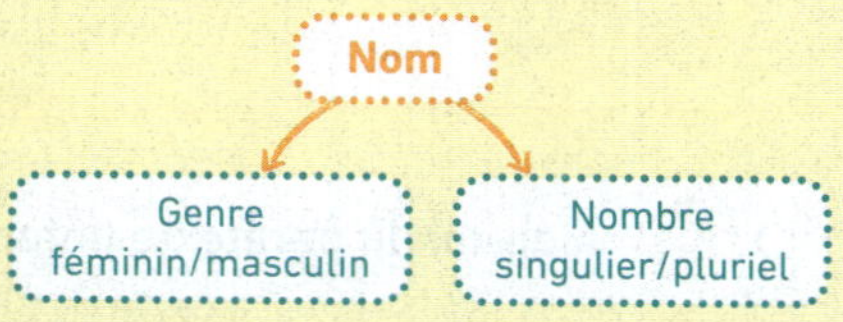

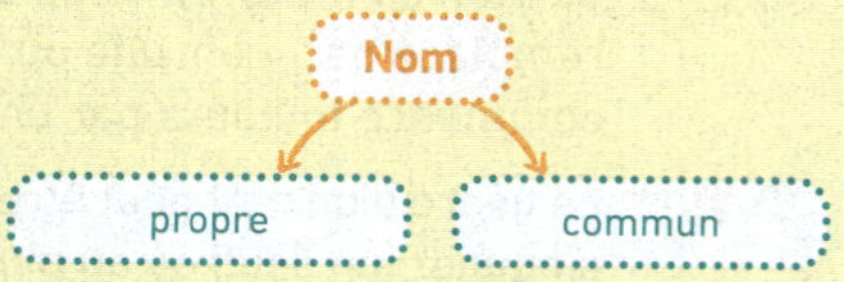

Mes exemples Écris un nom commun féminin/singulier, puis un nom propre.

....

Je m'exerce

Je reconnais les noms propres et les noms communs

5 * **Souligne les noms communs et entoure les noms propres.**

1. Barbe-Bleue épousa sa jeune voisine.
2. L'épouse reçut toutes les clés de la maison.
3. La jeune femme ouvrit la porte défendue.
4. Emprisonnée par son mari, elle demanda à sa sœur Anne si ses frères venaient la sauver.

6 ** **Entoure les mots en gras qui sont des noms.**

1. L'enfant **joue** tout en se grattant la **joue**.
2. Le comptable **travaille** longtemps. Il aime son **travail**.
3. On me **livre** ce **livre** de Jules Verne ce soir.
4. **Porte** ce manteau chez le couturier. Tu as dû t'accrocher à une **porte** et tu l'as déchiré.
5. Sur la plage, l'enfant **tasse** le sable dans son seau. Son père se prépare une **tasse** de thé.

Je distingue le masculin du féminin et le singulier du pluriel

7 * **Complète le tableau avec ces noms.**
réglisse • dormeur • marmotte • bois • citrouille • potirons • noix • agrume • anses • voix.
Si tu as un doute sur le genre, utilise un dictionnaire.
Certains mots peuvent aller dans plusieurs cases.

	Masculin	Féminin
Singulier		
Pluriel		

8 * ORTHO **Mets ces noms singuliers au pluriel.**

1. un feu : ....
2. un prix : ....
3. un travail : ....
4. un marteau : ....
5. une ardoise : ....
6. un bocal : ....
7. un chou : ....
8. une brebis : ....

9 a. * **Souligne les noms propres et surligne les noms communs. Entoure les noms qui sont au pluriel.**

Hercule est un demi-dieu de l'Antiquité. Sa force est impressionnante. Il a tué de nombreux monstres lors de ses douze travaux. Il vainc sans peine ses plus dangereux ennemis. Les rochers les plus lourds, il les **porte** avec facilité. C'est un homme hors du commun.

b. ** **Pourquoi le mot** porte **ne doit-il pas être accordé au pluriel ?**

....
....
....

10 ** ORTHO **Écris le féminin des noms qui suivent.**

1. un acteur → ....
2. un professeur → ....
3. un danseur → ....
4. un lion → ....
5. un maitre → ....
6. un cuisinier → ....
7. un veuf → ....
8. un avocat → ....
9. un loup → ....

J'emploie des noms communs et des noms propres

11 ** **Complète le texte avec les noms de la liste. N'oublie pas de mettre des majuscules aux noms propres.** *campagne • chevaux • normandie • plages • ville • fromages • cécile • promenade • augustin • caen.*

.... et .... ont visité ....
C'est une .... du Calvados, département de .... Cette région, connue pour sa .... verdoyante et ses .... de sable fin, est très visitée. On y produit du cidre et de très bons .... comme le camembert. On y trouve aussi de nombreux élevages de .... pour les courses ou la ....

J'applique ce que j'ai appris pour écrire

Écris une phrase avec chaque mot de façon à ce qu'il soit un nom.

1. pas : ....
2. marche : ....
....
3. coupe : ....
4. bleu : ....
5. Lillois : ....

10 Les articles

Connaissances et compétences visées

Dans cette leçon, je vais apprendre à :
- ✔ Repérer et employer correctement les articles
- ✔ Distinguer les différentes articles

J'observe et je manipule

1 a. Quelle est la classe grammaticale des mots en gras du texte ? ....

b. Encadre le petit mot qui les précède. Quelle est sa classe grammaticale ? ....

bilan Quelle remarque peux-tu faire sur le lien qui unit le petit mot encadré à celui en gras ?

....

....

> Ils entrèrent, et dans la **chaumière** étaient une jolie petite **salle**, une **chambre** où était placé leur lit, une **cuisine** et une **salle à manger** [...]. Derrière étaient une petite **cour** avec des **poules** et des **canards**, et un petit **jardin**.
>
> **J. et W. Grimm,** « Le pêcheur et sa femme », *Contes*, 1875.

2 Emplois : Un article peut se trouver devant un nom général (1) ou devant un nom désignant quelqu'un ou quelque chose d'unique (2), dont on a déjà parlé (3), dont on n'a pas encore parlé ou qui n'est pas précisé (4).

Indique sous chaque article en gras son emploi : 1, 2, 3 ou 4.

1. **Le** chat est un animal de la famille des félins. **2.** Mes enfants aimeraient avoir **des** chats.

3. Maitre Cornille avait **un** chat qui surveillait son moulin. **Le** chat chassait **les** souris.

4. L'Égypte est un pays où **le** chat était une divinité dans **l**'Antiquité.

3 a. Remplace le nom en gras par celui entre parenthèses et fais les modifications nécessaires.

1. J'ai parlé de ce livre à la **fille** *(enfants)* .... de mon ami. **2.** Il s'est réveillé à trois heures du **matin** *(après-midi)* ....   **3.** Ils repensent souvent au **film**. *(exposition)* ....
4. J'aime les films de la **réalisatrice** *(réalisatrices)* ....

b. Des articles sont apparus. Utilise ce que tu viens de constater pour compléter ces égalités.

du = de + ...   des = de + ...   aux = à + ...

4 a. Complète le texte de la bulle.

Je dois acheter .... sucre et .... farine.

b. Entoure les noms devant lesquels tu peux mettre les petits mots que tu as utilisés dans la bulle : *garçon • joie • colère • béton • assiette • courage • voiture • sable • question • brouillard • semoule.*

bilan Peux-tu mettre un chiffre devant ces noms ? Pourquoi ?

....

....

....

Je retiens

1. L'**article** appartient à la **classe grammaticale des déterminants**. Il se place obligatoirement devant un nom commun (et certains noms propres) et indique son genre et son nombre.
2. On distingue plusieurs sortes d'articles :
   – l'**article indéfini** est utilisé devant un nom désignant ce qui n'est pas connu, dont on n'a pas encore parlé ;
   – l'**article défini** est utilisé devant un nom désignant ce qui est unique, ce dont on parle en général ou dont on a déjà parlé ;
   – l'**article partitif** s'utilise au singulier devant certains noms qui ne peuvent pas être comptés. Il peut être remplacé par **« un peu de »**.

Articles définis :
le/l'
la/l'
les

Articles définis contractés :
de + le = du
de + les = des
à + le = au
à + les = aux

Articles indéfinis :
un/une
des (parfois de)

Articles partitifs :
du/de l'
de la/de l'

Mes exemples Écris un GN avec un article indéfini (1), défini (2) et partitif (3).

1. .... **2.** .... **3.** ....

Je m'exerce

Je distingue les articles

5 a. * Souligne, dans le texte, les articles définis et entoure les articles indéfinis. Attention : les mots en gras ne sont pas des articles.

b. ** Dans quelle phrase se trouvent les articles indéfinis ? Pourquoi ?

....

....

....

Il était une fois, il y a bien longtemps, un roi qui avait un joli jardin d'agrément derrière son château, et là il y avait un arbre qui portait des pommes d'or. Quand les pommes furent mûres, on **les** compta mais il en manqua **une**. On rapporta la chose au roi qui ordonna qu'on eût chaque nuit à monter la garde sous l'arbre.

J. et W. Grimm, « L'oiseau d'or », *Contes*, 1812.

6 ** Souligne les articles définis. Attention, certains sont sous une forme contractée.

Lorsque la fumée fut toute hors du vase, elle se réunit et devint un corps solide, dont il se forma un génie deux fois aussi haut que le plus grand de tous les géants. À l'aspect du monstre d'une grandeur si démesurée, le pêcheur voulut prendre la fuite.

Les Mille et Une Nuits, 1706.

7 * Parmi les mots en gras, souligne ceux qui sont des partitifs.

1. Achète **du** pain à la boulangerie **du** bout **de la** rue : il est meilleur.

2. Quand cette injustice a été réparée, l'avocate **de la** victime a ressenti **du** soulagement et **de la** joie.

3. La météo prévoit **du** brouillard pour la fin **de la** semaine.

Je comprends l'emploi des articles

8 ** Dans ce début de conte, explique l'emploi de chaque article en gras en reliant les points.

Oui vraiment, **la** campagne était bien belle. Les rayons **du** soleil éclairaient de tout leur éclat un vieux domaine entouré de larges fossés. Dans une de ces retraites, **une** cane avait établi son nid et couvait ses œufs ; il lui tardait bien de voir ses petits éclore. Enfin **les** œufs commencèrent à crever les uns après les autres.

D'après **H. C. Andersen**, *Le Vilain Petit Canard*, 1876.

1. les œufs •
2. du soleil •
3. une cane •
4. Le Vilain Petit Canard •

• Nom dont on n'a pas encore parlé.
• Nom désignant ce dont on a déjà parlé.
• Nom désignant quelque chose d'unique.
• Nom général.

Je sais employer les articles

9 * ORTHO Complète ces phrases avec un nom convenant à l'article proposé.

1. Léa est invitée par la .... à une ....

2. Pour la ...., il faut du .... et de la limonade.

10 ** Complète cette fable avec les bons articles.

.... Agneau se désaltérait
Dans .... courant d' .... onde pure.
.... Loup survient à jeun, qui cherchait aventure,
Et que .... faim en ces lieux attirait.

D'après **J. de La Fontaine**, *Fables*, 1668.

J'applique ce que j'ai appris pour écrire

Invente des phrases qui pourraient être placées avant les phrases suivantes.

Ex. Prenez un œuf et un saladier.
Cassez l'œuf dans le saladier.

1. ....
C'était la fille du plus pauvre pêcheur du village.

2. ....
En effet le petit garçon avait toujours rêvé de voyager.

3. ....
J'ouvre la lettre avec une grande impatience.

11 Les déterminants possessifs et démonstratifs

Connaissances et compétences visées

Dans cette leçon, je vais apprendre à :
- ✔ Identifier les déterminants possessifs et démonstratifs
- ✔ Les orthographier et les employer correctement

J'observe et je manipule

1 Place les déterminants en gras dans les bonnes urnes.

1. Regarde comme **ces** fleurs dans **ton** jardin sont belles ! **Leur** odeur est envoutante.
2. Montre-moi **ce** bobo ! **Ta** robe n'est-elle pas déchirée ?
3. Cette enfant est vraiment turbulente ! Elle a cassé **ses** lunettes !
4. Nos vacances étaient très réussies grâce à **leurs** conseils.

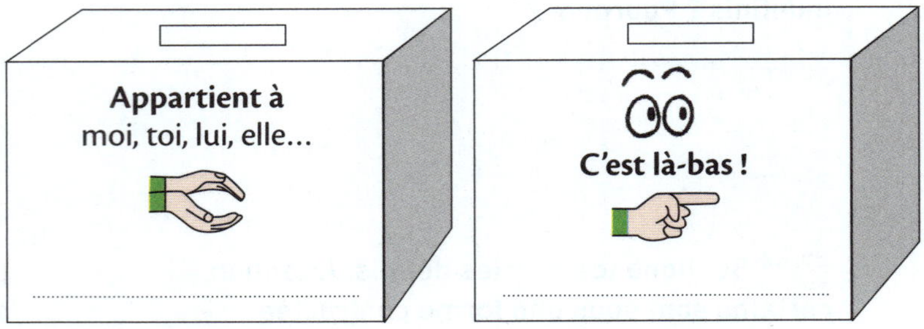

2 Lis cette fable, puis place les déterminants en gras dans le tableau selon leur sens ainsi que le genre et le nombre des noms qu'ils déterminent.

Le Loup et l'Agneau
Un Loup survient à jeun, qui cherchait aventure,
Et que la faim en **ces** lieux attirait.
Qui te rend si hardi de troubler **mon** breuvage ?
Dit **cet** animal plein de rage :
Tu seras châtié de **ta** témérité. […]
Tu la troubles, reprit **cette** bête cruelle,
Et je sais que de moi tu médis l'an passé.
– Comment l'aurais-je fait si je n'étais pas né ?
Reprit l'Agneau ; je tette encor **ma** mère
– Si ce n'est toi, c'est donc **ton** frère. […]

Jean de La Fontaine, *Fables*, I, 10, 1668.

	Déterminants possessifs		Déterminants démonstratifs		
	singulier		singulier		pluriel
	masculin	féminin	masculin	féminin	
1re pers. du singulier					
2e pers. du singulier					

bilan Rédige tes conclusions sur les deux types de déterminants.

Les déterminants possessifs ……………………………………………

Les déterminants démonstratifs ……………………………………………

Je retiens

1. Le déterminant se place **devant un nom commun** (et certains noms propres) et indique son genre et son nombre.
2. **Le déterminant démonstratif** désigne un être ou une chose que l'on montre ou dont on a déjà parlé. Il peut prendre différentes formes, selon ce dont on parle : **ce/cet, cette, ces**.
3. **Le déterminant possessif** désigne un être ou une chose et précise à qui il appartient. Sa forme change selon le possesseur et l'objet possédé.

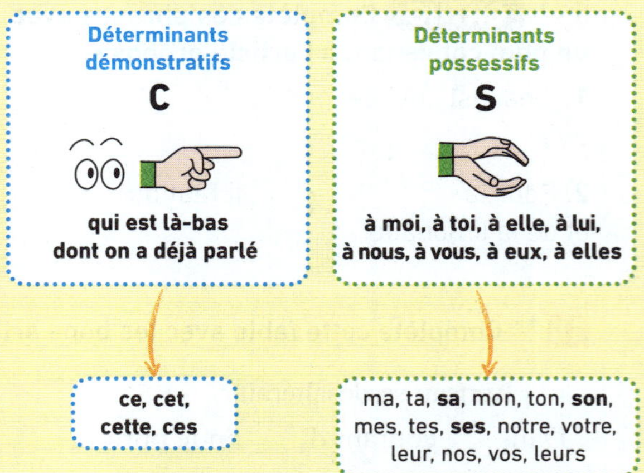

Mes exemples Écris un GN avec un déterminant possessif (1), avec un déterminant démonstratif (2).

1. …………………………… **2.** ……………………………

Je m'exerce

Je distingue déterminants possessifs et démonstratifs

3 * **Entoure les déterminants démonstratifs. Dessine un doigt tendu (comme dans la leçon) si le déterminant renvoie à un élément que l'on montre. S'il renvoie à un élément dont on a déjà parlé, relie le déterminant à ce mot.**

1. Range ce pull que tu ne mets jamais !

2. Nous irons à Nice l'été prochain. Cette ville est agréable.

3. Regarde ces pigeons : ils se disputent ce morceau de pain !

4. Le chat et le chien ne s'entendent guère. Pourtant, ces animaux familiers se côtoient souvent.

4 ** **Lis ce poème, puis souligne les déterminants démonstratifs et entoure les possessifs.**

À Cassandre
Mignonne, allons voir si la rose
Qui ce matin avait déclose
Sa robe de pourpre au soleil,
A point perdu cette vêprée,
Les plis de sa robe pourprée
Et son teint au vôtre pareil.

Pierre de Ronsard, *Odes*, I, 17, 1524.

J'orthographie correctement les déterminants

5 * **Complète ce tableau.**

Singulier	Pluriel
Ce navire	Ces navires
Ton livre	
	Vos vélos
Sa fille	
	Ces enfants
Son stylo rouge	

6 ** ORTHO **Indique si chaque nom est masculin (M) ou féminin (F), puis fais-le précéder du déterminant démonstratif qui convient :** *cet* **ou** *cette*.

	M	F
1. Prête-moi .... règle, s'il te plait.	❍	❍
2. .... homme semble très antipathique.	❍	❍
3. Plus jeune, j'aimais me reposer sous .... arbre.	❍	❍
4. .... image affreuse l'a hanté toute la nuit.	❍	❍
5. .... individu m'a empêché de suivre le film !	❍	❍

J'emploie correctement les déterminants

7 ** **Complète les phrases avec le déterminant possessif qui convient.**

À l'inverse de .... mère, Chaân ne voulait pas devoir obéir à un homme, qu'il soit .... frère, ... père, ou .... compagnon. Elle voulait être libre de .... mouvements et de .... paroles.

D'après **C. Féret-Fleury,** *Chaân la rebelle*, © Castor poche, 2003.

8 ** **Place les déterminants possessifs suivants au bon endroit :** *sa • ta • leur • nos • ma • leurs • notre • son.* **Ils peuvent être utilisés plusieurs fois.**

1. À la sonnerie, les élèves notent .... devoirs, puis prennent .... sac.

2. .... amis ont choisi un cadeau pour .... anniversaire.

3. Lucien a fait tomber .... stylo. .... voisine le ramasse gentiment.

4. Peux-tu me prêter .... règle ? J'ai oublié .... trousse !

Je choisis entre des déterminants homonymes

9 *** ORTHO **Entoure la bonne solution parmi les différents déterminants proposés.**

M. Gérard visite Paris avec **ces/ses** enfants. Il veut leur faire découvrir **cet/cette** ville prestigieuse avec **ses/ces** musées, **ses/ces** églises, son histoire. Ils vont d'abord voir la Tour Eiffel et **ses/ces** 324 mètres. **Cette/cet** tour est devenue le symbole de la capitale. Ensuite, ils vont sur l'avenue des Champs-Élysées avec toutes **ces/ses** boutiques. Deux monuments célèbres occupent chacune de **ces/ses** extrémités : l'Obélisque de la Concorde et l'Arc de triomphe. **Cet/cette** visite a ravi les enfants.

J'applique ce que j'ai appris pour écrire

Rédige un petit texte dans lequel tu emploieras les déterminants *mon, ces, cet, nos, ta, vos,* **suivis de noms correctement accordés et employés.**

....
....
....
....
....
....

12 L'adjectif qualificatif

Connaissances et compétences visées

Dans cette leçon, je vais apprendre à :
- ✔ Identifier un adjectif
- ✔ L'employer comme épithète pour enrichir le GN
- ✔ L'accorder en genre et en nombre avec le nom

J'observe et je manipule

1 a. Choisis, dans la liste, des mots pour compléter le texte. *rayé • mince • trouées • petits • rond • bleu • rouges • blonde • grande • tricotées*

Au loin apparut une .... fille .... Elle portait un pull .... et des chaussettes .... Sur sa tête était posé un bonnet .... Ses .... pieds étaient chaussés de bottines ....

b. Quelles informations apportent les mots ajoutés ?
❍ des actions ❍ des précisions
❍ des indications de temps

bilan **Quelle est la classe grammaticale des mots complétés ?** ....

Explique pourquoi tu ne pouvais pas placer les mots n'importe où.

....

....

2 a. Complète le tableau en t'aidant des cases déjà remplies.

Masculin singulier	Féminin singulier	Masculin pluriel	Féminin pluriel
	facile		
national			
		nouveaux	
			douces
	neuve		
pluvieux			
			mauvaises

b. Quelle lettre utilise-t-on le plus souvent pour mettre un adjectif au féminin ? ....

Quelles modifications peut-il y avoir également ?

....

....

c. Dans quel cas un adjectif est-il identique au masculin et au féminin ? Quand il se termine par : ❍ un -x ❍ un -e ❍ un -s

bilan **Quelle lettre utilise-t-on le plus souvent pour mettre un adjectif au pluriel ?** ....

3 a. Souligne l'adjectif qui précise chaque nom en gras. Quelle est sa place par rapport au nom ?
❍ avant ❍ après ❍ avant ou après

b. À quel genre et à quel nombre est l'adjectif « étroite » ? ❍ au masculin ❍ au féminin ❍ au singulier ❍ au pluriel. **Pourquoi ?** ....

....

> Ayant poussé la **porte** étroite qui chancelle,
> Je me suis promené dans le petit **jardin**
> Qu'éclairait doucement le soleil du matin,
> Pailletant chaque fleur d'une humide **étincelle**.
>
> P. Verlaine, « Après trois ans », *Poèmes saturniens*, 1866.

bilan **Quel est le lien qui unit l'adjectif au nom qu'il complète ?**

....

Je retiens

1. L'adjectif qualificatif est **une classe grammaticale**. Il sert à donner des détails sur un nom : sa forme, sa couleur, son état... Un participe passé peut être utilisé comme adjectif.
2. L'adjectif **s'accorde en genre et en nombre** avec le nom qu'il qualifie (ou avec le pronom qui remplace le GN).
3. Quand l'adjectif fait partie d'un GN, il est **épithète**. Il peut se placer **avant** ou **après le nom**.
4. Il peut également être **attribut du sujet**.

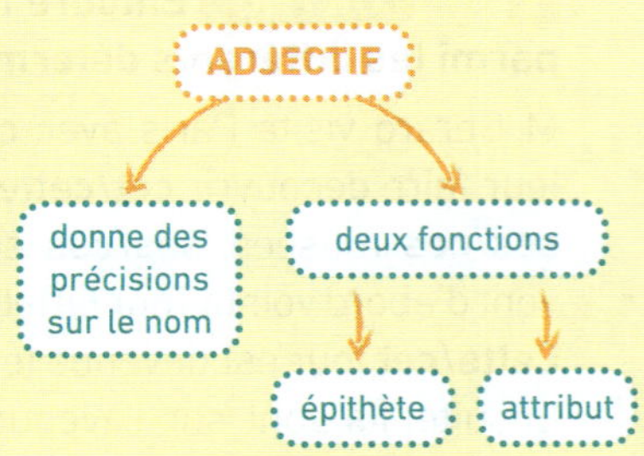

Mes exemples Écris deux adjectifs accordés aux noms qu'ils précisent.

....

Je m'exerce

J'identifie les adjectifs

4 * **Souligne les adjectifs épithètes qui donnent des précisions sur les noms en gras.**

1. Le **chemin** étroit menait à une **vallée** verdoyante.
2. Un petit **ruisseau** sinueux permettait aux **animaux** sauvages de se désaltérer.
3. Au fond d'une **forêt** sombre et inquiétante, on pouvait voir une vieille **cabane** abandonnée.

5 ** **Encadre les mots en gras qui sont des adjectifs dans ces phrases.**

1. Alexis s'est acheté un tee-shirt **bleu**. Il s'est aussi fait un **bleu** en tombant.
2. J'ai deux frères **ainés**. Jules est l'**ainé** de sa famille.
3. Le **malade** est transporté à l'hôpital. Un enfant **malade** ne doit pas sortir.

J'accorde correctement les adjectifs

6 * ORTHO **Accorde les adjectifs aux noms.**

1. Un ami •	• joyeuses
2. Une amie •	• sportive
3. Des amis •	• gentils
4. Des amies •	• content

7 * ORTHO **Accorde les adjectifs suivants avec des noms au féminin pluriel.**

1. bleu : ....
2. géant : ....
3. nouveau : ....
4. éclairé : ....

8 * ORTHO **Replace chaque adjectif à l'endroit qui convient dans le texte. Attention aux accords !**

grands • grand • petit • petite • bleus • jolie • beaux

La reine mit au monde un .... prince qu'on nomma Désir. Il avait de .... yeux .... les plus .... du monde ; une .... bouche ; mais son .... nez lui couvrait la moitié du visage.

D'après **Mme Leprince de Beaumont**, « Le prince Désir et la princesse Mignonne », *Contes*, 1757.

9 *** **Souligne les sept adjectifs épithètes de ce texte (ceux qui font partie du GN), puis surligne le nom qu'ils précisent et encadre les lettres qui marquent l'accord.**

De grands yeux bruns éclairaient son pâle visage. Ses joues étaient rebondies et devenaient roses avec le soleil. De chaque côté de sa tête, ses cheveux noirs formaient de larges boucles qui descendaient jusqu'à ses épaules. Sa fine silhouette dessinait une ombre gracieuse sur le trottoir.

J'emploie correctement les adjectifs

10 ** ORTHO **Ajoute un adjectif épithète à chaque nom en gras.**

La .... **fête** battait son plein dans la **cour** .... du palais. On avait installé les Athéniens bien en vue du **public** ...., en face de la tribune, derrière des **grilles** .... Sous leurs **yeux** ...., de .... **Crétois**, garçons et filles, se livraient à des **acrobaties** .... sur des **taureaux** ....

M.-A. Hartmann, *Ariane contre le Minotaure*, © Nathan Jeunesse, 2004.

J'applique ce que j'ai appris pour écrire

Souligne les adjectifs, puis réécris le texte en les remplaçant par des adjectifs de sens contraire.

Il vit alors la haute silhouette d'un jeune soldat très beau. Son visage avait des traits réguliers, un nez étroit et des lèvres fines. Il parlait d'une voix mélodieuse et agréable. Enfin, son allure élégante renforçait cette image attrayante.

....
....
....
....
....
....
....

13 Le groupe nominal

Connaissances et compétences visées

Dans cette leçon, je vais apprendre à :
✔ Reconnaitre et délimiter un GN
✔ Écrire un GN et l'enrichir

J'observe et je manipule

1 a. Les groupes de mots en gras sont des groupes nominaux (GN). Ce sont les plus petits GN existants (GN minimal). Retrouve la classe grammaticale des mots qui les composent.

Le garçon se bat contre **un dragon.**

❍ pronom ❍ adjectif ❍ nom ❍ déterminant ❍ verbe

b. Pourquoi ce groupe de mots s'appelle-t-il « groupe nominal » ? Coche la bonne réponse.

❍ car nom/inal vient du mot *nom* ; le mot principal du GN est un nom. ❍ car il contient peu de mots.

c. Relie les GN aux étiquettes qui peuvent leur apporter des précisions.

au cheval fougueux | courageux | énorme | brun | effrayant

jeune | **Le garçon** se bat contre **un dragon** | recouvert d'écailles irisées

à l'armure étincelante | qui crache des flammes destructrices

2 a. Réécris la phrase en remplaçant les noms par un pronom personnel.

Le petit écureuil roux avait beaucoup de mal à transporter son énorme noisette.

……………………………………………………………

b. Entoure les mots de la phrase qui ont disparu dans ta phrase.

bilan Quelle méthode peux-tu utiliser pour repérer un GN ?

❍ Je peux remplacer tout le GN par un pronom.
❍ Je peux mettre le GN au pluriel.

3 a. Voici des étiquettes permettant de former plusieurs GN. Surligne les trois étiquettes indispensables à la formation de GN. On les appelle des noms noyaux.

où dorment les Sept Nains | grands | qui sont destinées à Blanche-Neige | en bois | vieille | pommes | lits | les | de sorciers | la | ces | rouges | maison | chancelante | empoisonnées

b. Dans le tableau, classe les étiquettes qui peuvent former des GN.

Dét.	Nom	Adjectif	Groupe de mots avec un nom ou avec un verbe conjugué
la			en bois, de sorciers
	lits		où dorment les Sept Nains,
			qui sont destinées à Blanche-Neige

bilan Quels mots prennent les marques de genre et de nombre du nom ?

……………………………………………………………

Je retiens

1. Le **groupe nominal** est un groupe de mots organisé autour d'un **nom noyau** et de son **déterminant** qui ont le même genre et le même nombre. Un nom et son déterminant constituent un **GN minimal**.
2. Le nom peut être précisé par des adjectifs épithètes, des groupes de mots avec un verbe conjugué ou avec un nom. Le nom, son déterminant et tous les mots qui le précisent constituent un **GN étendu**.
3. Les adjectifs épithètes prennent le genre et le nombre du nom qu'ils précisent.
4. Quand on remplace un nom par un pronom, tout le groupe nominal disparait.

nom + déterminant
=
groupe nominal **minimal**

nom + déterminant
+ mots qui apportent
des précisions sur le nom
=
groupe nominal **étendu**

Mes exemples Écris un GN minimal et un GN étendu.

……………………………………………………………

Je m'exerce

J'identifie les GN et leur nom noyau

4 * **Souligne le nom noyau de chaque GN.**

1. un vieux loup affamé qui cherchait de quoi manger
2. le jeune agneau rusé
3. le violent et soudain orage qui s'est abattu hier soir
4. ces trois nouveaux élèves arrivés avant-hier

5 * **Mets entre crochets les GN dont le nom noyau est en gras.**

Après deux **heures** de marche, le guide arrêta l'éléphant et lui donna une heure de repos. L'animal dévora des **branchages** et des **arbrisseaux**, après s'être d'abord désaltéré à une **mare** voisine. À midi, le guide donna le **signal** du départ. Le pays prit bientôt un **aspect** très sauvage. Aux grandes **forêts** succédèrent des **taillis** de tamarins et de palmiers nains.

J. Verne, *Le Tour du monde en 80 jours*, 1873.

6 ** **Voici un texte dont les GN entre crochets ont été mal délimités. Corrige les délimitations des GN en soulignant les noms noyaux et en replaçant les crochets.**

Arachné est une [excellente tisseuse]. Malheureusement, elle possède un trop [grand orgueil] et défie [la déesse] Athéna. Pour punir [l'impudente, la divinité] en fait [une simple] araignée.

7 *** **Encadre chaque GN** (pour t'aider, remplace-le par un pronom). **Puis surligne le nom noyau.**

1. Les petits oiseaux qui picorent les graines déposées sur le rebord de la fenêtre sont des mésanges.
2. Le jardinier que la mairie vient de recruter a conçu ces nouveaux massifs de fleurs très originaux.
3. Les photographes de presse accrédités pourront assister à l'unique concert donné par la star.
4. Le professeur principal de chaque classe remet les bulletins de ses élèves aux parents qui se déplacent.

J'enrichis des GN minimaux en respectant les accords

8 * **Transforme ces GN minimaux en GN étendus grâce aux bons adjectifs. Attention aux accords !**

médicales • émouvante • longue • précieux • passionnantes • biscornu • petit • manuscrits

1. un .... arbre ....
2. des recherches ....
3. les .... livres ....
4. une .... lettre ....

Je prépare une auto-dictée

9 ** **Recopie chaque GN dont le nom noyau est en gras, indique son genre et son nombre, entoure les marques d'accord puis apprends ton auto-dictée.**

Deux **personnes** se trouvaient dans la voiture à **roues** basses : un jeune homme qui conduisait, et un vieillard à **cheveux** blancs, au **visage** pâle coupé de **veinules** rouges sur les joues, qui se tenait immobile, la **tête** coiffée d'un chapeau de paille.

H. Malot, *En famille*, 1893.

....

....

....

....

....

....

....

....

J'applique ce que j'ai appris pour écrire

Entoure les GN minimaux, puis réécris le texte en les transformant en GN étendus avec deux précisions. Pense aux éventuels accords.

Mais, à la nuit, Renart revint tout doucement devant la maison d'Ysengrin. Il monta sur le toit, creusa une ouverture, passa, arriva aux jambons, et les emporta.

....

....

....

....

....

....

....

....

14 Les accords au sein du groupe nominal

Connaissances et compétences visées

Dans cette leçon, je vais apprendre à :
✔ Repérer le GN
✔ Faire les accords au sein du GN

J'observe et je manipule

Il était une fois un géant mi-homme, mi-bête qui vivait sur une île. Le tronc de ce monstre, couvert de longs **poils** bruns, rappelait celui d'un gorille et contrastait avec ses **membres** glabres à la **peau** tannée par le soleil. Il possédait six **bras** puissants, armés de poings de boxeur et deux longues **jambes** aux **muscles** saillants, prolongées par d'énormes **pieds** toujours nus.

J. Muzi, « L'Ile au monstre », *54 contes de sagesse du monde*, © Flammarion, 2015.

1 a. Quelle est la classe grammaticale des mots en gras ? ....

b. Pourquoi « membres » **et** « muscles » **se terminent-ils par un -s ?**
❍ Ils s'écrivent toujours comme cela.
❍ Ils sont au pluriel, ce qu'indique le déterminant au pluriel.
❍ Ce sont des verbes conjugués à la 2ᵉ pers. du sing.

c. Le mot « bras » **est-il au singulier ou au pluriel ? Comment le sais-tu ?** ....

....

d. Le mot « toujours » **est-il au pluriel ? Pourquoi ?**

....

....

2 a. Souligne les adjectifs qui précisent chaque nom en gras. Pour les retrouver, demande-toi « comment sont les jambes, les muscles ? ».

b. Relie-les par une flèche aux noms qu'ils précisent et encadre leurs lettres finales.

bilan Que peux-tu en conclure sur le lien d'accord entre le nom et l'adjectif ?

....

....

3 a. Comment sont les poils ? ❍ longs ❍ bruns ❍ longues ❍ longs et bruns

b. Comment sont les pieds ? ❍ énormes ❍ toujours ❍ nus ❍ énormes et toujours nus

c. Quelles parties du corps du monstre sont « <u>prolongées</u> par d'énormes pieds toujours nus » **? Aide-toi du texte et de l'orthographe du mot souligné.** ❍ les bras ❍ les jambes ❍ les muscles

bilan Coche les bonnes réponses.
❍ Un nom est toujours accompagné d'un seul adjectif.
❍ Plusieurs adjectifs peuvent préciser le nom.
❍ Les adjectifs sont toujours derrière le nom.
❍ Dans un GN étendu, certains adjectifs peuvent être éloignés du nom.

Je retiens

1. Dans un groupe nominal, il faut penser à **accorder en genre et en nombre :**
   – le nom et son déterminant ;
   – le ou les adjectifs avec le nom qu'ils précisent.
2. La marque du **féminin** est le **-e**.
3. La marque du **pluriel** est le **-s** ou le **-x**.
4. Un nom peut être précisé par plusieurs adjectifs.
   Plusieurs noms peuvent être précisés par un même adjectif.
5. Pour repérer les adjectifs qui précisent les noms, on peut se poser la question « Comment est le nom ? ».

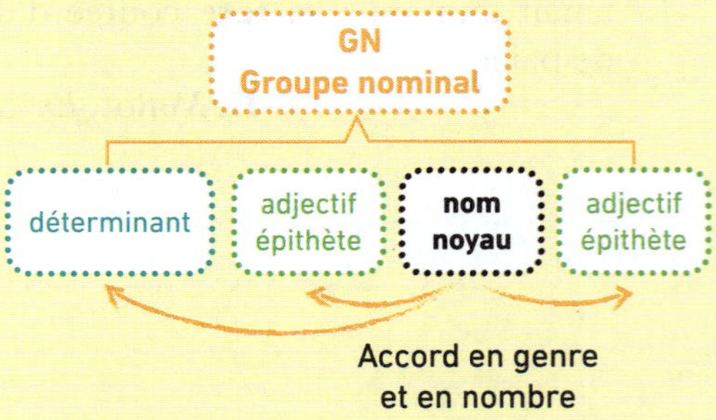

Mon exemple Écris un GN composé d'un nom et de plusieurs adjectifs.

....

Je m'exerce

Je repère les accords à l'intérieur d'un GN

4 ** **Souligne les GN, encadre le nom noyau, puis relie par une flèche les mots qui s'accordent.**

1. Louis s'achète toujours de petites feuilles blanches à grands carreaux.
2. La colombe posée sur la plus haute branche roucoule sans arrêt.
3. Il cueillit cinq roses aux pétales odorants écloses depuis peu dans le jardin.

5 * **Indique le genre et le nombre des GN en gras en t'aidant des indices d'accord.**

1. Peux-tu ranger **ces jolies assiettes** dans le buffet ?

....

2. Le train file sur **de nouveaux rails**.

....

3. Ces paniers ont **des anses tressées**.

....

4. Le marchand de bonbons vend **cette réglisse** 5 centimes.

....

6 * ORTHO **Place l'adjectif correctement accordé à côté du nom qu'il précise.**

fine • adroit • recouverts • petit • gentil • instable • égaré • inquiète.

1. Le .... garçon aide sa voisine .... à chercher son .... chat ....
2. Augustin adore les gâteaux .... d'une .... couche de pâte d'amande.
3. L'acrobate .... se tient en équilibre .... sur une pyramide de chaises.

Je fais les accords dans le GN

7 * ORTHO **Mets ces GN au pluriel.**

1. Le grand cheval sauvage noir ....
2. Une vieille maison blanche entourée de haies ....
3. Cette jeune sportive passionnée ....
4. Un élève doué et rigoureux ....

8 ** **Réécris le GN en remplaçant le nom noyau de chaque GN par celui qui est donné.**

1. ce .... brillant .... professeur .... de mathématiques. *(professeure)*
2. les .... douces .... musiques .... apaisantes .... écoutées .... ce matin. *(air)*
3. le .... plus jeune .... fils .... de mon oncle. *(filles)*
4. le .... dernier .... physicien .... français .... récompensé .... pour ses .... découvertes. *(physiciennes)*

Je crée des GN correctement accordés

9 **a.** * **Encadre les GN dont le nom noyau est en gras.**

Dans un lointain **royaume** vivait une reine sans enfant. Elle demanda à une **grenouille** magicienne de lui accorder un seul **vœu** : avoir un enfant. Neuf longs **mois** plus tard une toute petite **fille** naquit. La charmante **princesse** fut aussitôt une enfant chérie.

b. ** **Réécris chaque GN encadré en remplaçant le nom noyau en gras par le nom proposé.**

ville • crapaud • faveur • années • garçon • prince

.... / .... /

.... / .... /

.... / ....

J'applique ce que j'ai appris pour écrire

Réécris ce texte en ajoutant au moins un adjectif épithète convenablement accordé à chaque nom commun.

Une vague .... lança Ulysse contre un rocher .... Il faillit y déchirer son corps .... Mais Athéna lui suggéra de saisir la roche .... de ses mains .... Une vague .... le recouvrit encore. Il nagea jusqu'à la côte .... et s'effondra sur le sable ....

15 Les pronoms personnels

Connaissances et compétences visées

Dans cette leçon, je vais apprendre à :
- ✔ Identifier les pronoms personnels
- ✔ Comprendre leurs liens avec les noms
- ✔ Employer les pronoms personnels

J'observe et je manipule

1 Retrouve quels noms remplacent les mots en gras et complète ce tableau.

Dorothée prit les souliers et **les** porta dans la maison. Après **les** avoir déposés sur la table, **elle** revint vers les Munchkins et déclara : « **J'**aimerais retourner chez mon oncle et ma tante. **Je** suis sûre qu'**ils** se font beaucoup de souci pour **moi**. Pourriez-**vous** **m'**aider à retrouver mon chemin ? »

L. F. Baum,
Le Magicien d'Oz, trad. M. Costa,
© Le Livre de Poche Jeunesse, 2015.

Féminin singulier		Masculin pluriel	
Noms remplacés	**Mots en gras**	**Noms remplacés**	**Mots en gras**
	elle		les
	J'/Je		ils
	Moi/m'		vous

bilan **Observe la 1re ligne du tableau et explique quel est le point commun entre les noms et les mots en gras.**

....

....

2 Chaque nom en gras de la phrase 1 a été remplacé par des mots étiquettes de la même couleur que lui dans la phrase 2.

1. **Hermès** (Sujet) va voir **Pâris** (C. direct) pour **lui** (C. indirect) confier **la pomme d'or** (C. direct). **Pâris** (Sujet) l'offre à **Aphrodite** (C. indirect). **Aphrodite** (Sujet) est ravie.

2. Il va le voir pour la lui confier. Il la lui offre. Elle est ravie.

Dans le tableau, recopie à côté de chaque nom les mots qui le remplacent et indique leur genre et leur nombre.

	Genre et nombre
Hermès :	
Pâris :	
Aphrodite :	
La pomme d'or :	

3 a. Entoure le sujet de chaque verbe souligné.

– **Moi**, je ne <u>veux</u> pas me laisser faire !
– Oh **toi**, tu <u>exagères</u> tout le temps !
– Pas du tout ! **Eux**, ils ne <u>plaisantent</u> pas, tu verras.

b. À quoi servent les pronoms en gras, selon toi ?

....

....

Je retiens

1. Les pronoms sont des mots qui **remplacent les noms** ou les **GN**. Ils prennent le genre et le nombre du nom remplacé.
2. Les **pronoms personnels** peuvent désigner directement quelqu'un (je/tu...) ou reprendre un nom, un GN ou toute une partie de phrase. Ils varient selon la fonction qu'ils occupent dans la phrase (sujet, C. direct, C. indirect).
3. Il existe une **forme renforcée** du pronom personnel sujet pour marquer une insistance.

PRO/NOMS
à la place du nom
↓
PERSONNELS
↙ ↘
Désignent directement quelqu'un
je/tu/nous/vous...
me, te, moi, toi...

Remplacent un nom, un GN ou toute une partie de phrase
il/elle/ils/elles
le/la/l'/les/lui/leur/eux/se

Mon exemple Écris une phrase avec un pronom sujet et un pronom complément.

....

Je m'exerce

Je comprends les pronoms personnels

4 * **Souligne les pronoms qui permettent d'insister sur le sujet.**

1. Toi, tu ne sais pas ce qui est bien !
2. Il le sait, lui, au moins !
3. Eux, ils sont partis sans rien dire.

5 ** **Surligne les pronoms qui désignent Lucie, encadre ceux qui désignent Rémi et souligne ceux qui désignent Lise.**

« J'en ai assez ! dit Lucie.
– Qu'as-tu ? s'inquiéta Rémi. Je croyais que tu t'amusais avec Lise.
– Nous avons joué mais elle est partie te chercher. »

6 ** **Le pronom** « vous » **peut désigner plusieurs personnes ou une seule (marque de politesse). Pour les phrases suivantes, coche la bonne case en te servant de l'orthographe, puis souligne le mot qui t'a permis de répondre.**

	Une personne	Plusieurs personnes
1. Vous êtes très élégant aujourd'hui !	❍	❍
2. Vous pourrez profiter du concert puisque votre mari garde les enfants.	❍	❍
3. Vous n'êtes pas allés assez vite pour gagner.	❍	❍
4. Êtes-vous sorti hier soir ?	❍	❍

J'emploie les pronoms appropriés

7 * **Complète les phrases avec le pronom qui convient.**

1. Jean .... offre un livre. *(à Laetitia)*
2. Je .... garde toujours sur moi. *(mon stylo)*
3. Tu aimes aller chez .... *(tes amis)*
4. Nous .... rendons visite. *(à nos cousins)*

8 ** **Réponds aux questions en remplaçant les mots soulignés par des pronoms personnels.**

Ex. : Louis a-t-il retrouvé ses baskets ? → Oui, il les a retrouvées.

1. As-tu réparé mon vélo ? ....
2. Les fenêtres ont-elles été refermées ? ....
3. As-tu rendu les bandes dessinées à tes cousins ? ....
4. Avez-vous rendu visite à madame Germaine ? ....

J'accorde en fonction des pronoms

9 * **ORTHO** **Complète le texte par le bon pronom personnel. Aide-toi de la terminaison des verbes !**

1. .... déjeuneront ensemble demain.
2. .... déjeunerons ensemble demain.
3. Donne- .... un mouchoir ; il a le nez qui coule.
4. .... peux me libérer pour venir te chercher ce soir.

10 ** **Remplace les pronoms de ces phrases par des noms qui les rendront plus compréhensibles.**

1. Elle lui offre des chocolats.
....
2. Ils le prennent tous les jours.
....
3. Vous penserez à le lui rendre.
....
....

J'applique ce que j'ai appris pour écrire

Poursuis cette lettre en expliquant à ton ami ce qu'il devra faire. Puis souligne les pronoms te désignant, entoure ceux qui remplacent « Gaston » et surligne ceux utilisés pour l'animal.

Mon cher Gaston,
Je te remercie d'avoir accepté de garder mon cochon d'Inde pendant mon absence. Pour qu'il reste en bonne santé, tu ....
....
....
....
....
....
....
....
....

16 Les pronoms possessifs et démonstratifs

Connaissances et compétences visées

Dans cette leçon, je vais apprendre à :
- ✔ Identifier les pronoms possessifs et démonstratifs
- ✔ Les distinguer et les employer à bon escient

J'observe et je manipule

1 a. Souligne les noms remplacés par les mots en gras.

1. Tu as passé ton été à chanter ; j'ai passé **le mien** à travailler.
2. Mes affaires sont bien rangées ; pas **les siennes** !
3. Vos amis sont sympathiques ; **les nôtres** le sont davantage.
4. Nos valises sont bien préparées mais **les leurs** également.

b. Relie chaque mot en gras à une bulle.

à moi (je) — à lui (il) — à nous (nous) — à eux (ils)

2 Complète ces phrases avec les mots qui conviennent pour remplacer les noms en gras.

1. Tu as passé **tes vacances** à chanter ; j'ai passé .... à travailler.
2. **Mon bureau** est bien rangé ; pas .... !
3. **Votre amie** est sympathique ; .... l'est davantage.
4. **Notre valise** est bien préparée mais .... également.

bilan À quoi servent les pronoms possessifs ? Coche les bonnes réponses.

❒ Les pronoms possessifs remplacent des noms précédés de déterminants possessifs.
❒ Les pronoms possessifs prennent le genre et le nombre du nom remplacé et la même personne que le déterminant.
❒ Les pronoms possessifs précisent l'identité du possesseur.

3 a. Souligne les mots ou groupes de mots de la 1re phrase remplacés par des pronoms en gras dans la seconde.

b. Surligne ces pronoms dans la seconde phrase.

1. Voici deux manteaux fourrés. Préférez-vous **celui-ci** ou **celui-là** ?
2. Tu as vu ces maillots de bains ? Je n'achète que **ceux** en promotion.
3. Les hommes unirent leurs forces pour construire une tour immense. **Celle-ci** devait atteindre le ciel. **Ceux** qui étaient venus de loin rentrèrent chez eux.

bilan À quoi servent les pronoms démonstratifs ? Pourquoi changent-ils de forme ?

....

....

Je retiens

1. Les pronoms sont des mots qui **remplacent les noms** ou les **GN**. Ils prennent le genre et le nombre du nom remplacé.
2. Les pronoms **possessifs** permettent d'insister sur l'identité du possesseur avec lequel ils s'accordent. Ils remplacent un nom précédé d'un déterminant possessif.
3. Les pronoms **démonstratifs** désignent des personnes ou des choses comme si **on les montrait du doigt** ou évoquent quelque chose **dont on a déjà parlé**. Il existe une forme neutre « ce, ceci/cela, ça ».

PRONOMS
À la place du nom

Possessifs

le mien, la tienne, les nôtres...

Démonstratifs

celui, celle-là, ceux, cela...

Mes exemples Écris un exemple de pronom démonstratif et un exemple de pronom possessif.

....

Je m'exerce

Je distingue les pronoms possessifs et démonstratifs

4 * **Souligne les mots que remplacent les pronoms démonstratifs en gras.**

1. Nous devons choisir un film. **Celui-ci** me semble bien.
2. Changer d'école : c'est **ce** que tu veux ?
3. Les enfants, habillez-vous ! **Ceux** qui sont prêts peuvent sortir.
4. La classe est divisée en deux groupes : **celui** de gauche interroge **celui** de droite.
5. Rentrer seul la nuit, **cela** me semble bien imprudent.

5 ** **Encadre les pronoms possessifs et surligne les pronoms démonstratifs.**

1. Ceux qui veulent du gâteau au chocolat peuvent s'approcher.
2. Ce paquet de bonbons est le nôtre.
3. Sa tarte est plus sucrée que la mienne.
4. Voici mes photos. Montre-moi les tiennes.
5. Tu préfères celui-ci ou celui-là ?

J'emploie les pronoms appropriés

6 * **Remplace chaque GN par le pronom demandé.** *Ex. Ton cahier (pronom possessif) → le tien*

1. Ma voisine : *(pronom possessif)* ....
2. Ces maisons : *(pronom démonstratif)* ....
3. Votre ami : *(pronom possessif)* ....
4. Ces hommes : *(pronom démonstratif)* ....

7 * **Entoure la bonne proposition parmi les pronoms proposés dans la parenthèse.**

1. Tu préfères passer par ce chemin ou par *(celui/celle)* qui descend ?
2. J'aime bien ton dessin. Cependant *(le sien/les leurs/le mien)* est plus beau. *(2 solutions)*
3. L'équitation est mon sport préféré. Quel est *(la tienne/le vôtre)* ?
4. Voulez-vous jouer avec des ballons en cuir ou en mousse ? Nous préférons *(ceux/ce)* en cuir.

8 *** **Complète ces phrases avec le pronom approprié. Indique sa nature entre parenthèses.**

1. Veux-tu prendre mon vélo ? Non, je préfère ....
2. Tu préfères les sonates de Bach ou .... de Beethoven ? ....
3. Mes enceintes sont puissantes mais .... le sont encore plus ! ....
4. .... qui ont fait ça doivent le dire tout de suite ! ....

J'évite les répétitions grâce aux pronoms

9 ** **Remplace les répétitions de ces phrases par des pronoms appropriés.**

1. Peux-tu me prêter ton téléphone ?
Mon téléphone/.................. est en panne.

2. As-tu remarqué ce chien ?
Le chien/.................. de mon frère lui ressemble.

3. Vos cousins partent au Pérou ?
Nos cousins/.................. aussi.

4. Mes parents sont rentrés mais les parents/.................. d'Hugo ne rentreront que ce soir.

5. Mes amis sont des amateurs de BD.
Tes amis/.................. préfèrent les mangas.

J'applique ce que j'ai appris pour écrire

Invente une nouvelle phrase qui viendra compléter la première. Elle doit commencer par un pronom pour éviter la répétition du GN entre parenthèses. Varie les pronoms employés.

1. Il rencontra au détour du chemin une princesse magnifique. *(La princesse magnifique)*
....
....

2. Peau d'Âne ne savait quelle robe choisir. *(La robe couleur de temps)*
....
....

3. Ce n'est pas la bonne clef ! s'écria Barbe bleue. *(Ma clef)* ....

17 Distinguer pronom et déterminant

Connaissances et compétences visées

Dans cette leçon, je vais apprendre à :
- ✔ Ne pas confondre les pronoms et les déterminants
- ✔ Les orthographier correctement quand ils sont homophones

J'observe et je manipule

1 Dans le texte, les pronoms sont encadrés et les déterminants soulignés.

Elle prit l'éventail et une paire de gants, et elle allait quitter la chambre quand ses yeux se posèrent sur un petit flacon qui se trouvait près du miroir. Cette fois, il n'y avait pas d'étiquette avec les mots BOIS-MOI, pourtant elle le déboucha et le porta à ses lèvres.

L. Carroll,
Alice au pays des merveilles, 1865.

Observe bien le texte, lis les propositions et coche la bonne case.

	VRAI	FAUX
1. Le pronom remplace des noms.		
2. Le pronom peut être suivi d'un adjectif.		
3. Les pronoms sont très souvent suivis d'un verbe.		
4. Le déterminant indique le genre et le nombre du nom.		
5. Les déterminants peuvent être séparés du nom par un adjectif.		
6. Les déterminants sont toujours placés avant le nom.		

2 a. Écris dans les bulles ces mots selon leur classe grammaticale. Tu peux t'aider des leçons précédentes. *lui • mon • eux • toi • sa • les • celui-ci • des • la • leur • le sien • notre • le nôtre • cette • ce • ceux • je • ta • ça • l' • il • les tiens • le.*

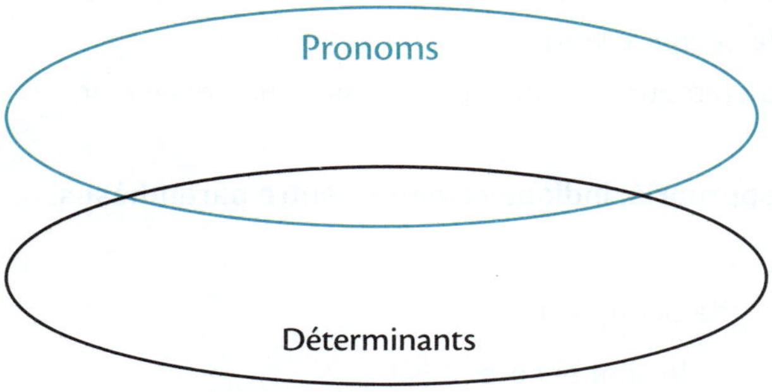

b. Pourquoi certains mots sont-ils dans les deux bulles ? Coche la bonne réponse.

❍ Des mots de classe grammaticale différente peuvent s'écrire de la même manière.
❍ Des mots de classe grammaticale différente ne s'écrivent jamais de la même manière.

c. Complète le tableau.

Déterminants	Pronoms
Ce (garçon) (fille) Ces (enfants)	Celle-ci
Mon (ballon) (balle) Ses (amis) (cousine) Votre (voisin) Leurs (cousins)	La tienne La nôtre

3 Dans chaque phrase, deux mots se prononcent de la même manière mais n'ont pas la même orthographe. Encadre le mot qui est un pronom et souligne celui qui est un déterminant.

1. Si ça la gêne, elle n'a qu'à enlever sa capuche.
2. Ce chien aboie contre tous ceux qui s'approchent.
3. « Notre voiture est cassée ! – La nôtre aussi ! »
4. Leurs voisins leur font toujours de beaux cadeaux.

Je retiens

Certains pronoms et déterminants ont la **même forme**. Pour les distinguer :
– le **déterminant** est placé devant un nom et peut être remplacé par un autre déterminant (un/une/des) ;
– le **pronom** remplace un nom, un GN ou une partie de phrase et il est souvent placé devant le verbe.

	Déterminant	Pronom
Leur	• S'accorde avec le nom qui suit.	• Ne prend jamais de -s. • Peut être remplacé par son singulier « lui »
Ce	• Est suivi d'un nom masculin singulier. • Peut être remplacé par « un ».	• Est parfois suivi de « qui ». • Peut être remplacé par « cela ».
Le, la, l', les	• Sont suivis d'un nom. • Peuvent être remplacés par « un, une, des ».	• Précèdent un verbe.

Mon exemple Écris une phrase contenant des déterminants et pronoms homophones.

....

Je m'exerce

Je distingue pronoms et déterminants

4 ** **Souligne les déterminants et encadre les pronoms compléments directs.**

> « Charlie Bucket ! cria Mr. Wonka. Attrape-la ! Étends la main et attrape-la ! »
> Charlie étendit la main et toucha l'écran. Et soudain, comme par miracle, la tablette de chocolat se détacha et il la sentit entre ses doigts. Son étonnement fut tel qu'il faillit la laisser tomber.
>
> **R. Dahl**, *Charlie et la chocolaterie*, trad. d'É. Gaspar, © Gallimard jeunesse, 1964.

5 * **Coche la bonne réponse.**

Remarque : le pronom « leur » ne prend jamais de -s. Le déterminant « leur » s'accorde.

	Pronom	Déterminant
1. Lucie **leur** lira ses lettres.	❍	❍
2. Ils ont réussi **leurs** examens.	❍	❍
3. **Leur** scooter est cassé ; il faudra le faire réparer.	❍	❍
4. **Leur** as-tu envoyé ce qu'ils te demandaient ?	❍	❍

6 * **Souligne les déterminants et encadre les pronoms.** *Rappel : « ce » est un déterminant ou un pronom neutre.*

1. **Ce** qui m'attriste, c'est **ce** temps affreux.
2. Les tableaux que je préfère sont **ceux** qui ont beaucoup de couleurs.
3. **Ce** sera mieux quand il aura trouvé **ce** qu'il cherche.
4. **Ce** garçon est devenu ami avec **ceux** qui l'avaient applaudi la veille.

J'orthographie correctement les homophones

7 ** **Complète ces phrases avec le déterminant possessif** « sa » **ou le pronom démonstratif** « ça » (= cela).

1. Claire a perdu .... trousse ce matin. .... l'ennuie beaucoup.
2. .... mère la conduit au magasin avec .... petite sœur.
3. .... faisait bien longtemps qu'elles n'avaient pas fait les courses ensemble.
4. « Tu vas écrire avec .... ? » s'étonne .... mère en voyant le stylo qu'elle met dans le chariot.

8 * **Complète ces phrases avec** « notre/nôtre(s) » **ou** « votre/vôtre(s) ».

1. .... chat est un persan. Le .... est angora.
2. .... fils est allé en Angleterre ? Le .... ira en Allemagne.
3. Accepteriez-vous de vous occuper de .... jardin car le .... est magnifique ?
4. .... voiture est en panne mais la .... fonctionne parfaitement.

J'emploie correctement les homophones

9 ** **Complète ces phrases avec le déterminant** « ce » **ou le pronom** « ceux ».

1. .... matin, le professeur a félicité tous .... qui avaient bien révisé.
2. .... manuel est très abimé ; il faudra remplacer tous .... qui n'ont plus de couverture.
3. .... qui se sont couchés tôt seront en forme pour la fête de .... soir.
4. Je n'ai pas compris .... que tu as dit à .... qui étaient devant nous.

10 **Invente une phrase avec les homophones étudiés. Encadre les pronoms et souligne les déterminants.**

leur/leurs ....

ce/ceux ....

la/la ....

J'applique ce que j'ai appris pour écrire

Écris la dictée lue par ton enseignant-e. Relis-toi. Vérifie que tu as choisi le bon homonyme en les soulignant.

....

....

....

....

....

....

....

....

....

....

J'évalue mes acquis Construire des groupes nominaux

As-tu bien compris ces leçons autour du nom ?
Vérifie en lisant cet extrait et en répondant aux questions d'un des groupes.

Le Téléphone
Dans les herbes, dans les buissons
Dans les fleurs bleues, rouges ou jaunes
C'est pour entendre ta chanson
Que je t'appelle ô **Téléphone**.

Gaie comme celle du pinson
Celle de la grive en automne
Si douce qu'elle donne le frisson
Est la note du **Téléphone**. [...]

Plumages bruns, plumages blonds
Plumages roux comme l'automne
Ces cous courts ou bien ces cous longs
Ce sont des cous de **Téléphone**.

Becs ouverts avec conviction
Piaillant jusqu'à s'en rendre aphones[1]
Pour réclamer double ration
Tels sont les fils du **Téléphone**.

Fin comme du papier canson
Comme le bec de la cigogne
Ou la truffe du hérisson
Tu as beau nez ô **Téléphone**.

Mais on dit qu'il a l'ambition
D'être élu maire de Carcassonne !
Je crains que dans ces conditions
Las[2] on ne rie du **Téléphone**.

J. Roubaud, « Le Téléphone »
in *Les Animaux de personne*,
© Éditions Seghers, 1991,
© Éditions Seghers Jeunesse, 2004.

1. aphones : sans voix 2. Las : hélas

Groupe 1

Je repère

1. Coche la classe grammaticale de ces mots.

	Nom	Pronom	Dét.	Adjectif
herbes (v.1)				
bleues (v.2)				
ta (v.3)				
il (v.21)				

2. Souligne les noms de la strophe 1. Quel nom commun est utilisé comme nom propre ? Pourquoi ?

....

....

3. Justifie la terminaison de ce mot « bleues » (v. 2).

....

....

Je manipule

4. Mets les vers 9-10 au singulier en barrant les bonnes lettres.
« Plumages bruns, plumages blonds/
Plumages roux comme l'automne »

5. Ajoute deux adjectifs épithètes au GN minimal : « ta chanson » (v. 3). ....

6. Remplace les noms de la strophe 1 par d'autres noms et fais les modifications nécessaires.
« Dans les ...., dans les ....
Dans les .... bleus, rouges ou jaunes
C'est pour entendre ....
Que je t'appelle ô .... »

J'écris

7. Invente un petit texte pour parler de ton téléphone ou de celui que tu rêverais d'avoir. Tu utiliseras des déterminants possessifs et des adjectifs que tu accorderas correctement.

Groupe 1, 2 ou 3 : *je rédige en respectant la consigne 7*

....

....

....

....

....

....

Groupe 2

Je repère

1. Comment s'appelle le groupe de mots :
« ces cous courts » (v. 11) ? ....

2. Quelle est la classe grammaticale de « celle » (v. 5) ? ❍ déterminant ❍ pronom ❍ nom ❍ adjectif

Quel nom remplace-t-il ? ....

3. Souligne les mots qui accompagnent le nom.
« Dans les fleurs bleues, rouges ou jaunes » (v. 2)

Donne leur classe grammaticale et justifie leur accord. ....

....

....

Je manipule

4. Mets ces vers au singulier en barrant les bonnes lettres. Un déterminant doit être modifié.
« Dans les herbes, dans les buissons
Dans les fleurs bleues, rouges ou jaunes » (v. 1-2).

5. Quels pronoms démonstratifs peuvent remplacer les deux GN du vers 11 ?

....

6. Relis les vers 18-19 et écris deux vers sur le même modèle en changeant de partie du corps et d'animaux. Souligne les GN.
« Comme ....
Ou ....

J'écris

7. Invente la « chanson » du téléphone en utilisant : trois déterminants de natures différentes soulignés en bleu, trois pronoms soulignés en vert et six adjectifs accordés correctement soulignés en rouge.

Groupe 3

Je repère

1. Recopie trois GN introduits par un déterminant différent puis indique la nature de chacun des mots qui les compose.
1. ....
2. ....
3. ....

2. Relève un pronom personnel (v. 4). Qui désigne-t-il ?

....

3. Quelle est la classe grammaticale de « douce » (v. 7) ? ❍ déterminant ❍ pronom ❍ nom ❍ adjectif

Justifie sa terminaison.

....

....

Je manipule

4. Réécris les vers 11 et 12 en les mettant au singulier. ....

....

5. Quels pronoms démonstratifs peuvent remplacer les deux GN du vers 11 ?

....

6. Transforme le GN minimal en GN étendu avec deux précisions « les herbes » (v. 1).

....

J'écris

7. Choisis un objet moderne qui t'entoure et rédige à son sujet plusieurs phrases. Ton texte devra contenir au moins trois GN étendus, un pronom personnel, un possessif et un démonstratif. Souligne ces éléments.

Compétences évaluées J'évalue mes acquis en complétant chaque smiley.	☺ 😐 ☹
1. J'ai su reconnaitre un nom, un pronom, un déterminant, un adjectif.	⚇
2. J'ai distingué les différents types de déterminants et de pronoms.	⚇
3. J'ai repéré un nom noyau dans un GN.	⚇
4. J'ai su faire les accords au sein du GN.	⚇
5. J'ai enrichi un GN.	⚇

Ce que je sais déjà faire — La conjugaison du verbe

• **Dans cette double page,** tu vas pouvoir **réviser** ce que tu as appris en primaire afin de **te préparer** aux leçons qui vont suivre.

• **Lorsque tu en as besoin,** tu peux consulter la *Boîte à outils* et cocher au fur et à mesure les outils que tu as utilisés.

La magicienne Circé avertit Ulysse du charme dangereux des Sirènes.

D'abord tu atteindras les Sirènes. Elles charment tous les humains qui arrivent jusqu'à elles. Pour l'ignorant qui s'approche des Sirènes et écoute leur voix, il n'est point de femme ni de petits enfants qui viennent radieux l'aborder, à son retour au logis : les Sirènes le charment de leur chant siffleur.

Elles se tiennent dans une prairie. [...] Pousse ta nef, en évitant la côte. Pétris le miel délicieux d'une cire pour en oindre[1] les oreilles de tes compagnons, afin que, toi excepté, personne n'écoute. Écoute, toi, si tu veux, mais qu'ils te lient les mains et les pieds sur la nef rapide, bien droit au pied du mât, et que le bout des cordes y soit noué, pour que tu goûtes la joie d'écouter la voix des Sirènes. Si tu pries tes compagnons et leur ordonnes de te détacher, qu'ils te lient alors dans des liens encore plus nombreux !

Homère, *L'Odyssée*, chant XII, trad. L. Bardollet, © Robert Laffont, 1995.

1. oindre : enduire

Ce que je peux savoir avant de lire l'extrait

a. Circé prévient Ulysse que son voyage sera :
❍ facile.
● périlleux.

b. Les Sirènes sont des êtres :
❍ charmants.
● charmeurs.

Je vérifie ma compréhension de l'extrait

c. Les Sirènes provoquent :
● la mort des marins.
❍ le retour des marins chez eux.

d. Circé conseille à Ulysse :
❍ de laisser ses marins écouter les Sirènes.
● d'empêcher ses marins d'écouter les Sirènes.

e. Si Ulysse veut écouter les Sirènes, il doit :
❍ se boucher les oreilles.
● être attaché au mât du navire.

1 Je sais associer les marques d'un verbe conjugué à la bonne personne

a. Mets, dans le tableau, les terminaisons du présent de l'indicatif des verbes des 1er et 2e groupes.

1er groupe (-er)	e	es	e	ons	ez	ent
2e groupe (-ir)	i	is	i	ons	ez	ent

b. Quels sont leurs points communs ?

Leurs points communs sont la 1ère 2ème, 3ème personnes du pluriel

c. Conjugue le verbe sortir **au présent de l'indicatif.**

Je sorts - tu sorts - il sort - nous sorton - vous sortez - ils sortent

Ses terminaisons sont identiques à celles
❍ des verbes du 1er groupe. ● des verbes du 2e groupe.

d. Associe les terminaisons aux bonnes personnes. Donne au moins un exemple pour chacune à l'aide des verbes : aller, avoir, dire, être, faire, pouvoir, prendre, vouloir.

-a — 3e PS Ex. alla
-ai — 2e PS Ex. prendes
-d — 1re PS Ex. j'allai
-x — 2e PP Ex. sont
-ont — 3e PP Ex. êtes
-tes

e. Le verbe « être » **à la 1re PP du présent indicatif a-t-il une terminaison semblable à celle des autres verbes ?**

Non

Boîte à outils 1 *Boîte à outils* 2 *Boîte à outils* 3

Compétences réactivées

Dans cet atelier, je vérifie que je sais :

✔ Reconnaitre les marques de personne d'un verbe conjugué
✔ Reconnaitre les marques des temps simples
✔ Conjuguer un temps composé

2 *Je sais reconnaitre les marques des temps simples*

a. Barre l'intrus dans la liste. Il s'approche, tu atteindras, elles charment, vous écoutez, tu pries, tu veux.

b. Explique ton choix. ❍ Il est conjugué au futur. ❍ Il est conjugué au passé simple.

c. Mets les autres verbes de la liste au temps du verbe intrus en respectant la personne indiquée.

....

d. L'un des verbes t'a-t-il semblé plus difficile à conjuguer ? Si oui, encadre-le et explique pourquoi.

.... *Boite à outils* 4

e. Quel est le point commun de la conjugaison des autres verbes de la liste ?

Ils sont tous formés sur un radical qui ressemble ❍ à l'infinitif. ❍ au participe passé.

f. Quel temps a pour terminaisons *-ais, -ais, -ait, -ions, -iez, -aient* **?** ....

g. Mets tous les verbes de la liste à ce temps en respectant la personne indiquée.

.... *Boite à outils* 5

3 *Je sais conjuguer un temps composé*

a. Parmi ces formes verbales, encadre celles qui sont à un temps composé.

Nous ferons • vous avez fait • tu fais • j'ai dit • nous disons • elles diront

b. À quel temps sont-elles conjuguées ?

....

c. À quoi reconnais-tu un temps composé ?

....

d. Comment se nomme le 1er élément de la forme composée ? Comment se nomme le 2e ?

....

....

e. Complète la conjugaison des deux verbes.

J'ai dit	
	Vous avez fait
Ils/elles ont dit	

f. Parmi ces verbes, entoure ceux qui utilisent un autre auxiliaire que celui utilisé avec dire **et** faire.

arriver • vouloir • venir • aller • lire • rester

Boite à outils 6

Boite à outils

❍ 1 Les verbes en -er (sauf aller) sont du 1er groupe, les verbes en -ir (avec radical en -iss) sont du 2e groupe. Tous les autres verbes sont du 3e groupe. Voir les tableaux de conjugaison p. 128.

❍ 2 Les deux parties du verbe sont le radical, qui donne le sens, et la terminaison, qui donne la personne.

❍ 3 À l'indicatif, le verbe se conjugue à trois personnes au singulier (PS) et à trois personnes au pluriel (PP).

❍ 4 Le radical du futur est, le plus souvent, l'infinitif du verbe.

❍ 5 Le radical de l'imparfait est, en général, le même que celui de la 1re PP du présent de l'indicatif.

❍ 6 Pour un temps composé, on utilise l'auxiliaire (avoir ou être) et le participe passé du verbe.

18 Le présent de l'indicatif

Connaissances et compétences visées

Dans cette leçon, je vais apprendre à :
- ✔ Trouver les radicaux au présent de l'indicatif
- ✔ Conjuguer les verbes réguliers
- ✔ Utiliser les formes irrégulières

J'observe et je manipule

1 a. Complète le tableau avec les formes manquantes (PS = personne du singulier ; PP = personne du pluriel).

1re PS	2e PS	3e PS	1re PP	2e PP	3e PP
j'aime			nous aimons	vous aimez	
	tu joues	il/elle joue	.... jou........		ils/elles jouent

b. Encadre le radical des verbes à la 1re PP. Quel est le radical pour toutes les formes ?

Aimer > radical : .... Jouer > radical : ....

bilan Barre la réponse fausse. Les verbes du 1er groupe en -er ont : un seul radical/plusieurs radicaux.

2 a. Entoure les formes verbales qui n'ont pas le même radical que l'ensemble des autres formes.

1. je gèle – tu gèles – il gèle – nous gelons – vous gelez – ils gèlent

2. j'achète – tu achètes – il achète – nous achetons – vous achetez – ils achètent

b. Quelle différence y a-t-il entre le premier radical et le second ?

Radical 1 : .... Radical 2 : ....

c. Observe les formes des verbes « appeler » et « jeter ». Combien ont-elles de radicaux différents ? ....

je jette • tu appelles • il jette • nous appelons • vous jetez • ils appellent

bilan Complète la règle. Les verbes en -eler et -eter ont ...... radicaux : le radical 1 présente .... ou une consonne double ; le radical 2 n'a pas d'accent et présente un seul ...... ou un seul ......

3 Conjugue à toutes les personnes le verbe « finir » (2e groupe). Si besoin, aide-toi du tableau de conjugaison p. 128.

....

bilan Réponds aux questions.

Au singulier, quel est le radical 1 ? ....

Au pluriel, quel est le radical 2 ? ....

4 Précise combien de radicaux ont ces verbes du 3e groupe au présent. Si besoin, aide-toi du tableau de conjugaison p. 128.

cueillir : ...... courir : ...... savoir : ...... prendre : ...... aller : ......

bilan Les verbes du 3e groupe ont tous le même nombre de radicaux. Vrai ou faux ? ....

Je retiens

1. Au **présent de l'indicatif**, les verbes du **1er groupe** (infinitif en **-er**) ont **en général un seul radical**. Pour garder ce radical unique à l'oral, les verbes en **-cer** font **ç** et les verbes en **-ger** font **ge** à la 1re PP.
2. Ont **deux radicaux** :
   – les verbes en **-eler** et **-eter** qui ont un accent grave au radical 1 (sing. et 3e PP) et pas d'accent au radical 2 (1re et 2e PP). Seuls **« appeler »**, **« jeter »** et leurs composés doublent le **-l** ou le **-t** au radical 1.
   – les verbes en **-yer** qui remplacent le **-y** par un **-i** au radical 1.
3. Les **verbes du 2e groupe** (infinitif en **-ir**) ont **deux radicaux**, en **-i** au singulier et en **-iss** au pluriel.
4. Les verbes **avoir** et **être**, ainsi que les verbes du 3e groupe, ont plus de deux radicaux : il faut donc apprendre leur conjugaison par cœur, en particulier **aller**, **dire**, **faire**, **savoir**, **venir** et **vouloir**.

	1er groupe + certains verbes du 3e	2e groupe + verbes du 3e	Cas particuliers
1re PS	-e	-s	*j'ai, je peux, je veux*
2e PS	-es	-s	*tu peux, tu veux*
3e PS	-e	-t	*il a, il va ;* **-d** pour certains verbes en -dre
1re PP	-ons	-ons	*nous sommes*
2e PP	-ez	-ez	*vous dites, vous êtes, vous faites*
3e PP	-ent	-ent	*ils font, ils ont, ils sont, ils vont*

Mes exemples Conjugue à la 1re PS et à la 2e PP un verbe de chaque groupe.

....

Je m'exerce

Je conjugue les formes verbales régulières en -e/-es/-e

5 * **Mets les formes verbales au pluriel.**

tu signes ………… • je peins ………… • tu salues …………

il crée ………… • elle crie ………… • j'étudie …………

6 ** **Mets les formes verbales au singulier.**

vous appelez ………… • nous furetons ………… • elles rejettent …………

nous épelons ………… • ils étiquètent ………… • vous projetez …………

7 ** **Mets le verbe à la personne proposée entre parenthèses.**

appuyer (2e PP) ………… poser (3e PP) ………… appuyer (1re PS) …………

commencer (1re PP) ………… ranger (3e PS) ………… plier (1re PS) …………

nettoyer (1re PP) ………… poser (2e PS) ………… nettoyer (3e PS) …………

commencer (2e PS) ………… ranger (1re PP) ………… plier (3e PP) …………

lancer (1re PP) ………… bouger (1re PS) ………… crier (2e PP) …………

Je conjugue les formes verbales régulières en -s/-s/-t

8 * **Encadre les verbes qui appartiennent au 3e groupe.**

dormir, gémir, mourir, nourrir, pâlir, sentir, obtenir, venir.

Conjugue les verbes que tu as encadrés à la 3e PS.

…………

…………

9 ** **Conjugue les verbes du 2e groupe de l'exercice 8 à la 2e PS et à la 1re PP.**

…………

…………

…………

10 *** **Conjugue les verbes au singulier et au pluriel à la personne demandée.**

craindre (2e P) : ………… battre (3e P) : …………

plaire (2e P) : ………… admettre (1re P) : …………

conduire (1re P) : ………… vivre (3e P) : …………

Je conjugue les formes verbales irrégulières

11 *** **Complète les phrases avec ces verbes en respectant la personne verbale et le sens :**

avoir • *confondre* • *dire* • *entendre* • *vouloir* • *être* • *faire* • *perdre* • *prendre* • *pouvoir* • *répondre*.

1. Qui …………-vous ? Que …………-vous ici ?

2. Vous lui ………… ce qu'il ………… entendre.

3. Elle ………… patience et ………… avec vivacité.

4. Si tu ………… les terminaisons, tu ne ………… pas répondre.

5. Il ………… son billet, ses amis l'………… déjà.

6. Nous ………… des documents car nous ………… un exposé.

7. Le chien …………-il la voix de son maitre ?

J'applique ce que j'ai appris pour écrire

Écris toutes les actions que tu fais habituellement entre 16 h 30 et 18 h ou après avoir quitté le collège. Utilise le présent de l'indicatif.

…………

…………

…………

…………

…………

…………

…………

…………

19 Les homophones de verbes au présent (1)

Connaissances et compétences visées

Dans cette leçon, je vais apprendre à :

✔ Distinguer les formes verbales homophones

✔ Utiliser une méthode pour vérifier mon orthographe

J'observe et je manipule

1 a. Écoute la lecture de ces phrases par ton enseignant-e et écris les mots manquants.

1. Hansel …… Gretel voient que la vieille dame …… contente. **2.** Tu …… ravie.

b. Vérifie l'orthographe en mettant les phrases à l'imparfait.

1. Hansel …… Gretel voyaient que la vieille dame …… contente. **2.** Tu …… ravie.

c. À quelle classe grammaticale appartiennent les formes qui ont changé ?

……

bilan Quelle vérification dois-je faire pour connaitre l'orthographe du son [e/ɛ] ?

Pour bien orthographier le son [e/ɛ],

je dois écrire …… si la forme à l'imparfait donne **était**,

je dois écrire …… si la forme à l'imparfait donne **étais** employé avec le pronom …….

S'il n'y a pas de changement, il s'agit de la conjonction de coordination …… (= et puis).

2 a. Écoute la lecture de ces phrases par ton enseignant-e et écris les mots manquants.

1. Énée et …… fils Ascagne …… arrivés en Italie. **2.** …… compagnons redoutent …… côtes.

b. Vérifie l'orthographe de la phrase 1 en la mettant à l'imparfait et celle de la phrase 2 en la mettant au singulier.

1. Énée et …… fils Ascagne …… arrivés en Italie. **2.** …… compagnon redoute …… côte.

bilan Barre les réponses fausses.

1. Pour distinguer ***son*** et ***sont***, je dois mettre la phrase à l'imparfait/au singulier.

2. Pour distinguer ***ses*** et ***ces***, je dois mettre la phrase à l'imparfait/au singulier.

3. ***Son*** et ***ses*** sont des déterminants démonstratifs/des déterminants possessifs.

3 a. Écoute la lecture de ces phrases par ton enseignant-e et écris les mots manquants.

1. Cette amie …… entièrement dévouée. **2.** Tu …… la table.

b. Vérifie l'orthographe en changeant la personne du sujet : utilise le pronom de 3ᵉ personne du pluriel.

1. Elles …… entièrement dévouées. **2.** Ils …… la table.

bilan Pourquoi mettre les formes à l'imparfait n'aide pas ici ?

……

Je retiens

1. L'**homophonie** est le fait que des mots se prononcent de la même façon, mais s'écrivent différemment.

2. Au **présent de l'indicatif**, plusieurs formes du verbe **être** ont des homophones.

3. Changer le temps, **la personne** ou **le nombre** permet de choisir la bonne forme à écrire.

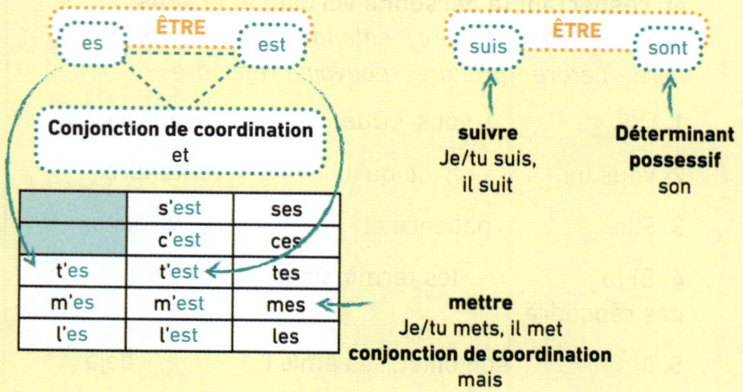

Mon exemple Choisis un couple d'homophones de la leçon et écris une phrase avec eux.

……

Je m'exerce

Je distingue les formes du présent singulier de la conjonction de coordination

4 a. * Barre les formes qui ne conviennent pas.

1. Ce garçon es/est/et plus grand que toi.
2. Marie possède un véhicule spacieux es/est/et rapide.
3. Sa voix n'es/est/et pas grave.
4. Pense à qui tu es/est/et vraiment.

b. * Explique la vérification faite pour l'homophone de la phrase 2.

....

....

5 a. ** Barre les formes qui ne conviennent pas.

1. Je ne te reproche pas ce que tu es/est/et mais ce que tu fais es/est/et ce que tu dis.
2. Ce que tu dis es/est/et inexact es/est/et même faux.
3. « Qui es/est/et-tu ? », demandèrent la rose es/est/et le renard au petit prince.

b. ** Explique la vérification faite pour l'homophone de la phrase 3.

....

....

Je distingue des formes du verbe être de certains déterminants

6 a. * Remets les phrases suivantes dans l'ordre. Pense aux majuscules et à la ponctuation.

1. son • son • impressionnés • exposé • par • ils ....
2. ces • ses • sont • préférées • chaussures ....

b. ** Explique la vérification faite pour les homophones de la phrase 2.

....

Je change la personne du verbe pour bien l'orthographier

7 a. ** Complète chaque phrase avec l'homophone qui convient : *mai • mais • mes • met • mets*

1. Que ....-tu dans .... poches ?
2. Il recevra .... excuses, ... pas les tiennes !
3. Le Petit Poucet .... les bottes, ... il ne sait pas s'en servir.
4. Durant le mois de ...., je me .... à me promener.

b. ** Pour quelle phrase changer la personne du verbe n'est-il pas une méthode efficace pour vérifier l'orthographe de l'homophone ? ....

c. ** Quel homophone peux-tu remplacer par « cependant **» ?** ....

Je joue avec des homophones

ORTHO

8 a. ** Rédige une phrase pour chaque couple d'homophones. et/est • son/sont • m'est/mais.

1. ....

....

2. ....

....

3. ....

....

b. ** Vérifie auprès de ton enseignant-e que tes trois phrases sont correctes, puis dicte-les à ton/ta voisin-e.

J'applique ce que j'ai appris pour écrire

Écris la dictée lue par ton enseignant-e. Relis-toi avec méthode : mets en particulier la dernière phrase à l'imparfait lors de ta relecture.

....

....

....

....

....

....

....

....

20 Les homophones de verbes au présent (2)

Connaissances et compétences visées

Dans cette leçon, je vais apprendre à :
- ✔ Distinguer les formes verbales homophones
- ✔ Utiliser une méthode pour vérifier mon orthographe

J'observe et je manipule

1 a. Dans les phrases, remplace le son [ɛ] par *ai*, *es* ou *est*.
b. Souligne le verbe conjugué et indique son infinitif entre parenthèses.
c. Relie chaque phrase au temps du verbe indiqué à droite.

1. Voilà un an que tu n'[ɛ] .... plus écolier. (..................) •
2. Ce chat [ɛ] .... un chenapan. (..................) •
3. Qu'[ɛ] ....-il venu faire ici ? (..................) •
4. D'habitude, j'[ɛ] .... toujours deux euros sur moi. (..................) •
5. Tu n'[ɛ] .... pas partie avec elles ! (..................) •
6. Hier j'[ɛ] .... pris le train pour Nantes. (..................) •

• Présent indicatif

• Passé composé

bilan **Quelles sont les formes verbales qui font le son [ɛ] ? À quels temps les trouve-t-on ?**

....

2 a. Remplace le son [a] par l'homophone qui convient : « a » ou « à ».

1. Cette rue [a] .... cent mètres de long.
2. Ce magasin est [a] .... cent mètres d'ici.

b. Dans quelle phrase peux-tu remplacer le son [a] par « avait » ? Dans la phrase ....

bilan **Complète les règles.**
- Quand on peut remplacer le son [a] par « avait », il s'écrit ....
- Le son [a] s'écrira ...., si on peut le remplacer par « (tu) avais ».

3 Dans ces phrases, souligne quatre homophones, surlignes-en trois autres et encadres-en deux autres.

1. Ma mère n'était pas là quand tu m'as vu.
2. Ta sœur l'a aperçue et t'a raconté la scène.
3. Tu ne l'as pas crue, elle m'a dit sa déception.

4 Dans les phrases, emploie les homophones [ɔ̃] (*on* ou *ont*), [mɔ̃] (*mon* ou *m'ont*) ou [tɔ̃] (*ton* ou *t'ont*).

1. Que ....-ils dit ?
2. Elles .... douze ans.
3. Mes parents .... offert un voyage.
4. .... frappe à la porte.
5. .... voyage était-il long ?
6. .... séjour a duré un mois.

bilan **Complète les règles.**
- L'homophone .... est un pronom sujet, l'homophone .... peut être remplacé au singulier par ***a***.
- Les formes .... et .... sont homophones des déterminants possessifs .... et ....

Je retiens

1. L'**homophonie** est le fait que des mots se prononcent de la même façon, mais s'écrivent différemment.
2. Au **présent de l'indicatif**, plusieurs formes du verbe **avoir** ont des homophones. **Changer le temps**, **la personne** ou **le nombre** permet de choisir la bonne forme à écrire.

AVOIR : as — a

Préposition à

	t'a	ta
m'as	m'a	ma
l'as	l'a	la

AVOIR : ont, m'ont, t'ont — ai, l'ai, t'ai

Pronom indéfini sujet on → ont

déterminants possessifs mon, ton → m'ont, t'ont

être es/est → ai, l'ai, t'ai

Mes exemples Choisis un couple d'homophones de la leçon et écris une phrase en les employant.

....

Je m'exerce

Je distingue la 1re personne du singulier « ai » de ses homophones

5 * **Mets le verbe au passé composé en utilisant la forme qui convient :** ai, es **ou** est.

1. je lis : ....
3. tu sais : ....
5. tu restes : ....
7. je suis : ....
2. il devient : ....
4. je mets : ....
6. il part : ....
8. tu entres : ....

6 ** **Entoure l'homophone qui convient.**

1. Quand je l'ai/les/l'es/l'est reçu chez moi, je t'ai/tes/t'es/t'est appelé tout de suite.
2. Tu t'ai/tes/t'es/t'est blessé-e, heureusement tu ne l'ai/les/l'es/l'est pas gravement.
3. T'ai/Tes/T'es/T'est intentions, je ne l'ai/les/l'es/l'est comprends pas bien.
4. Cette aventure t'ai/tes/t'es/t'est arrivée hier. Ta vie est agitée, la mienne ne l'ai/les/l'es/l'est pas.

Je distingue la 2e et la 3e personne du singulier « as », « a » de leurs homophones

7 * **Mets les sujets de chaque phrase au singulier.**

1. Mes camarades ont de nouvelles baskets. ....
2. Les chauffeurs ont emprunté cette route à contresens. ....
3. Vos radis, vous les avez achetés chez le fermier bio. ....

8 ** **Ajoute les éléments en [la] qui manquent. Choisis entre ces formes :** a, la, là, l'a, l'as.

1. De ....-bas, tu .... verras mieux grimper cette paroi ....-haut.
2. .... mallette ? Je ne sais pas si tu .... prise avec toi.
3. Quand il .... entendu parler, il .... éteint la radio.
4. Si tu ne .... pas faite à temps, cette tarte, personne ne .... goutera.

Je distingue la 3e personne du pluriel « ont » de ses homophones

9 * **Remplace le pronom indéfini** on **par** nous **ou par** quelqu'un **selon le cas.**

1. Tu ignores si on le lui a dit.
....
2. On est rentrés tard.
....
3. On m'a prévenu qu'il n'y avait pas cours.
....

10 ** **Réécris cette phrase au passé composé.**

Mes amis me conduisirent au skate-park. Ils me prêtèrent une planche et m'invitèrent à me lancer. Ils m'applaudirent à la fin de ma démonstration.

....
....
....

J'emploie le bon homophone — ORTHO

11 ** **Complète le texte à l'aide des homophones.**
a/as • on/ont • mon/m'ont • m'a/ma • l'as/là/la.

Jean de La Fontaine .... écrit des fables qui .... pour personnages des hommes et des animaux. .... connait les auteurs anciens qui .... inspiré son travail. .... grand-mère .... raconté .... première fable à .... huitième anniversaire. Elle .... parlé du corbeau et de .... ruse du renard. Plus tard, en classe, ... enseignant .... fait réciter cette fable. La classe .... écouté et .... dit : « Merci de ta récitation. Tu .... bien interprétée. ...., tu .... été parfait. »

J'applique ce que j'ai appris pour écrire

Écris la dictée lue par ton enseignant-e. Relis-toi avec méthode et vérifie que les homophones ont été bien orthographiés.

....
....
....
....
....
....

21 L'imparfait et les 3e personnes du passé simple

Connaissances et compétences visées

Dans cette leçon, je vais apprendre à :
- ✔ Conjuguer l'imparfait
- ✔ Conjuguer les 3e personnes du passé simple

J'observe et je manipule

En amont de ce passage, la falaise disparaissait sous une végétation luxuriante. La jungle nous submergea de ses miasmes fétides, saturés d'odeurs lourdes d'humus et de moisi. Parfois un tigre rôdait sur la berge, [...] puis s'évanouissait dans l'épaisseur des taillis.

F. Place, *Les Derniers Géants*, © Casterman, 2008.

1 a. **Relève les trois verbes à l'imparfait.**

.... • .... • ....

b. **Entoure l'indice identifiant le temps.**

c. **Précise le groupe de chaque verbe relevé.**

.... • .... • ....

bilan **La terminaison des verbes change-t-elle selon le groupe trouvé pour chacun ?**

....

2 a. **Encadre le radical des verbes au présent dans le tableau de droite. Que constates-tu par rapport aux verbes à l'imparfait ?** ....

Infinitif	Présent	Imparfait
Demander	Nous demand**ons**	Je demandais
Finir	Nous finiss**ons**	Tu finissais
Prendre	Nous pren**ons**	Il prenait

b. **Complète les formes verbales du tableau en utilisant ce que tu viens de comprendre.**

Infinitif	Présent	Imparfait	Infinitif	Présent	Imparfait
Crier	Nous crions	Nous ....ions	**Peigner**	Vous peignez	Vous ....iez
Essayer	Nous essayons	Nous ....ions	**Cueillir**	Vous cueillez	Vous ....iez

3 **Voici une série de verbes conjugués au passé simple.** *on aperçut • elle vint • il entra • il courut • on finit • ils grossirent • elles voulurent • elles dormirent • ils tinrent • elle frappa • elles devinrent • on parla.*

a	i	u	in
entra frappa parla	finit grossirent dormirent	aperçut courut voulurent	vint tinrent devinrent

a. **Dans le tableau, classe les verbes en fonction de leur voyelle de conjugaison.**

b. **À quel(s) groupe(s) appartiennent les verbes de chaque colonne ?**

a : 1er groupe i : 2 ème groupe u : 3 ème groupe in : 3 ème groupe

c. **Quel est le point commun de la 3e personne du singulier des verbes en -i, -u et -in ?**

Ils finissent tous par un "t"

d. **Réécris au singulier cette phrase au passé simple :** *Les élèves frappèrent à la porte et entrèrent.*

L'élève frappa à la porte et entra

bilan **Quel est le point commun de la 3e personne du pluriel de tous les verbes ?**

Ils finissent tous par -ent.

Je retiens

1. L'**imparfait** de l'indicatif se forme sur le radical de la 1re PP du présent, sauf ***être***. Ses terminaisons sont : **-ais**, **-ais**, **-ait**, **-ions**, **-iez**, **-aient**.
2. Le **passé simple** de l'indicatif se forme sur le radical de l'imparfait, sauf les verbes du 2e groupe (radical du présent singulier) et des verbes du 3e dont les radicaux s'apprennent en s'exerçant.

Imparfait			Passé simple			
Verbes de tous les groupes			A du 1er groupe	I du 2e groupe + certains en -ir et -re du 3e	U certains du 3e + *être* et *avoir*	IN familles de *tenir* et *venir*
je	RADICAL +	-ais				
tu		-ais				
il/elle		-ait	-a	-i-t	-u-t	-in-t
nous		-ions				
vous		-iez				
ils/elles		-aient	-è-rent	-i-rent	-u-rent	-in-rent

Mes exemples Conjugue le verbe *être* aux 3e PS et PP de l'imparfait et du passé simple.

....

Je m'exerce

Je conjugue l'imparfait

4 * Dans le texte entoure les verbes à l'imparfait.

Comme je n'avais pas le choix, je m'élançai vers la maison. J'espérais que l'homme ne m'avait pas vu. J'arrivais presque à la porte quand je devinai sa présence dans mon dos. Je me retournai d'un bond : l'homme me regardait sans menace. Je lui demandai alors ce qu'il cherchait. « Je vous connais », me répondit-il.

5 ** Conjugue les verbes entre parenthèses à l'imparfait.

OCTAVE. – Il ne m'(entretenir) .... que d'elle chaque jour ; m'(exagérer) .... à tous moments sa beauté et sa grâce ; me (louer) .... son esprit, et me (parler) .... avec transport des charmes de son entretien, dont il me (rapporter) .... jusqu'aux moindres paroles, qu'il (s'efforcer) .... toujours de me faire trouver les plus spirituelles du monde. Il me (quereller) .... quelquefois de n'être pas assez sensible aux choses qu'il me (venir) .... dire, et me (blâmer) .... sans cesse de l'indifférence où j'(être) .... pour les feux de l'amour.

Molière, *Les Fourberies de Scapin*, Acte 1, scène 2, 1671.

6 ** Mets ces verbes à l'imparfait à la personne demandée.

- ronger (2e PS) : ....
- vérifier (2e PP) : ....
- tourner (3e PS) : ....
- venir (2e PP) : ....
- rétrécir (1re PS) : ....
- supplier (3e PP) : ....
- balayer (3e PS) : ....
- naitre (1re PP) : ....
- aller (3e PS) : ....
- vendre (2e PS) : ....
- avancer (1re PS) : ....
- choyer (1re PP) : ....
- avoir (2e PS) : ....
- rugir (3e PP) : ....
- battre (1re PP) : ....

Je conjugue les 3e personnes du passé simple

7 * Barre dans chaque paire la forme verbale incorrecte. Écris la forme qui convient.

1. il mangea • ils mangirent • ....
2. elle tena • ils tinrent • ....
3. il voulut • ils voulèrent • ....
4. il descenda • ils descendirent • ....

8 ** Encadre les verbes au passé simple.

il vendit • ils puent • ils purent • elle rougit • ils s'exclamèrent • il se souvint • elle retient • il accrochera • elle dégustait • elles vainquirent • ils auront

Je prépare une auto-dictée

ORTHO

9 ** Mets les verbes entre parenthèses au passé simple en les accordant comme il faut. Apprends par cœur ton auto-dictée.

La déesse Cérès (jeter) .... sur le gamin moqueur quelques gouttes de bouillie. Aussitôt le visage de l'enfant (se consteller) .... de taches, ses bras (devenir) .... des pattes, son corps (se réduire) ...., une longue queue lui (pousser) .... Le lézard (disparaitre) .... dans une cachette.

D'après **F. Rachmuhl**, *16 métamorphoses d'Ovide*, © Flammarion, 2003.

J'applique ce que j'ai appris pour écrire

Cérès a transformé un enfant en lézard. Suite à cette métamorphose, imagine une journée du héros. Emploie des verbes à l'imparfait pour décrire et au passé simple pour raconter ses aventures.

....

....

....

....

....

....

22 Les emplois de l'imparfait et du passé simple

Connaissances et compétences visées

Dans cette leçon, je vais apprendre à :
- ✔ Raconter au passé simple
- ✔ Décrire à l'imparfait
- ✔ Distinguer leurs différents emplois

J'observe et je manipule

1 a. Ce texte est

❍ un article de journal. ❍ un dialogue.
❍ un mode d'emploi. ⊗ un récit. √

> L'enfant entra dans la forêt. Des chauvesouris volaient en frôlant sa tête. Au fur et à mesure de son avancée, les arbres semblaient se resserrer autour de lui. Ils étaient très hauts et inquiétants. Des ronces aux épines acérées couvraient le sol. Des nuages voilaient petit à petit la lune. Le garçon aperçut soudain une licorne qui se précipita vers lui.

b. Quel est le personnage principal du texte ? De quels verbes est-il le sujet ? Souligne-les. Quel est le temps de ces verbes ? L'enfant est le personnage principal de l'histoire. Le temps de ces verbes est du passé simple √

c. Quel est le personnage secondaire du texte ? De quel verbe est-il le sujet ? Surligne-le. Quel est le temps de ce verbe ? Le personnage secondaire est la licorne. Le temps du verbe est le passé simple. √

d. Encadre tous les verbes présentant le décor de l'action. À quel temps sont-ils ? Ils sont à l'imparfait √

bilan Complète les phrases. • Les verbes montrant le décor de l'histoire sont à ....
• Dans un récit, les verbes montrant les actions des personnages sont au ....

2 Indique si les actions de ces phrases se font en même temps ou si elles se font l'une après l'autre. Précise le temps des verbes utilisés.

1. À l'arrivée des tigres, les trompettes retentirent, le public fit le silence et le dompteur entra dans la cage.
Les actions se font pas en même temps Temps utilisé : passé simple
2. À l'arrivée du train en gare, des voyageurs attendaient sur le quai, certains achetaient leur billet, d'autres consultaient les panneaux d'affichage.
Les actions se font en même temps Temps utilisé : imparfait

bilan Barre la réponse qui ne convient pas. • Les actions successives sont à ~~l'imparfait~~/au passé simple.
• Les actions simultanées (qui se font en même temps) sont à l'imparfait/au ~~passé simple~~.

3 Précise si le verbe souligné indique une habitude ou un évènement nouveau.

1. Tous les jours, ils sortaient du collège à 17 heures. ....
2. Ce jour-là, ils n'eurent pas cours l'après-midi. ....

bilan Complète la phrase par l'adjectif qui convient : habituelle **ou** nouvelle.
L'imparfait présente une action ...., le passé simple une action ....

Je retiens

1. Dans un **récit au passé**, les verbes au **passé simple** montrent des actions **accomplies**, achevées en un temps délimité, ou **successives**, ou **nouvelles** et qui font avancer l'histoire.
2. **Temps de la narration**, le passé simple permet d'enchainer les **actions principales**, de premier plan.
3. Les verbes à l'**imparfait** montrent des actions **en cours d'accomplissement** (inachevées) ou **durables** et **habituelles**, ou **simultanées** (se déroulant en même temps qu'une autre).
4. **Temps de la description**, l'imparfait rend visibles les circonstances de l'action principale, le décor, les actions de second plan.

Récit au passé
- **Passé simple**
  - narration
  - actions successives
  - actions principales
- **Imparfait**
  - descriptions
  - actions simultanées
  - décor, durée, habitude

Mon exemple Écris une phrase comportant un verbe au passé simple et un verbe à l'imparfait.

....

Je m'exerce

J'utilise le passé simple pour raconter

4 * **Réécris les phrases au passé simple.**

1. Arachné provoque la déesse Athéna.
Elle tisse une toile extraordinaire.

....

....

2. Persée prend le bouclier d'Athéna
et chausse les sandales ailées d'Hermès.

....

....

3. Les cheveux d'Atlas se transforment en forêt. Ses épaules deviennent des montagnes.

....

....

5 ** **Raconte à la 3e PS ou PP du passé simple trois actions enchainées à l'aide de trois groupes verbaux.**

1. se lever tôt/prendre son petit déjeuner/
partir à l'heure

....

....

2. ouvrir son livre/faire un exercice/suivre la correction

....

....

3. se mettre en tenue/choisir ses équipiers/
commencer le match

....

....

J'utilise l'imparfait pour décrire

6 **a.** * **Souligne les verbes de description employés ici au présent.**

À l'intérieur de la grande salle du palais se dresse une imposante cheminée dans laquelle brule un grand feu. Devant ce feu se trouve une table où les plats les plus exquis s'empilent. Tout autour de la salle, des colonnes s'élancent jusqu'au plafond et soutiennent le toit.

b. ** **Mets-les au temps qui convient pour écrire une description au passé.**

....

....

....

7 ** **Décris à la 3e PS ou PP de l'imparfait trois actions secondaires qui précisent le décor d'une action.**

1. être 6 heures du matin/parents dormir encore/
des voisins passer dans la rue

....

....

2. entendre un léger murmure/problème être difficile/
professeur parler un peu vite

....

....

3. faire froid dans le gymnase/chaque capitaine
choisir à tour de rôle/tous se concentrer

....

....

Je distingue une action nouvelle d'une action habituelle ou qui dure

8 ** **Observe le temps du verbe et indique par la lettre le complément de temps qui convient.**

Plusieurs réponses possibles.

A. ce jour-là B. chaque jour C. sans arrêt
D. une seule fois E. tous les hivers F. soudain.

1. .... Renart cherchait de la nourriture pour sa famille.

2. .... Renart affamé vit une charrette.

3. .... Renart attrapa le coq Chantecler.

4. .... Il rusait pour ne pas payer.

J'applique ce que j'ai appris pour écrire

Choisis l'une des situations proposées dans les exercices 5 et 7. Rédige un texte mêlant récit au passé simple et description à l'imparfait.

....

....

....

....

....

23 Le futur simple

Connaissances et compétences visées

Dans cette leçon, je vais apprendre à :
- ✔ Repérer les marques du futur
- ✔ Choisir le radical du futur qui convient
- ✔ Connaitre des emplois du futur

J'observe et je manipule

1 a. Compare les terminaisons du verbe *avoir* au présent et au futur. Que constates-tu ?

présent	j'**ai**	tu **as**	il **a**	nous av**ons**	vous av**ez**	ils **ont**
futur	j'aur**ai**	tu aur**as**	il aur**a**	nous aur**ons**	vous aur**ez**	ils aur**ont**

b. Observe le futur des verbes des trois groupes. Que constates-tu pour leurs terminaisons ?

nager (gr.1)	nager**ai**	nager**as**	nager**a**	nager**ons**	nager**ez**	nager**ont**
finir (gr.2)	finir**ai**	finir**as**	finir**a**	finir**ons**	finir**ez**	finir**ont**
dire (gr.3)	dir**ai**	dir**as**	dir**a**	dir**ons**	dir**ez**	dir**ont**

bilan **La terminaison des verbes au futur change-t-elle en fonction du groupe du verbe ?**

2 a. Sépare à l'aide d'un trait vertical la terminaison du radical pour chaque verbe.
Je rangerai • tu rougiras • il sortira • nous placerons • vous pâlirez • ils sentiront • elles réagiront.

b. À quelle forme du verbe ressemble le radical quand il est séparé de la terminaison ?

c. Sépare à l'aide d'un trait vertical la terminaison du radical pour chaque verbe.
Je saurai • tu voudras • il courra • nous pourrons • vous cueillerez • ils iront.

d. Existe-t-il la même ressemblance que pour les verbes de la liste a. ?

e. Quelle lettre termine les verbes de la liste a. et ceux de la liste c. ?

bilan **Complète la règle.**
- Les radicaux des verbes au futur se terminent tous par la lettre
- Pour certains verbes, le radical du futur ressemble à

3 Dans ces phrases, celui qui parle exprime une intention : conseil, consigne, ordre, promesse, éventualité (possibilité). **Précise-la pour chaque phrase.**

1. Vous rédigerez un texte en mettant les verbes au futur. •
2. Je rangerai ma chambre dès que possible. •
3. Tu rangeras ta chambre dès que possible. •
4. En cas de pluie, nous jouerons à l'intérieur. •
5. Vous garderez précieusement ces papiers de famille. •

- • Conseil
- • Consigne
- • Promesse
- • Éventualité
- • Ordre

Je retiens

1. Pour tous les verbes, le **radical du futur** est **terminé par un *-r***, auquel on ajoute les terminaisons : ***-ai, -as, -a, -ons, -ez, -ont***.
2. Pour les verbes des 1er et 2e groupes, et des verbes en *-ir* du 3e groupe, le **radical** est celui de l'**infinitif**. Pour la plupart des verbes en ***-re***, le radical perd la voyelle ***-e***. Les autres verbes du 3e groupe, ainsi qu'***avoir*** et ***être***, ont un **radical particulier à apprendre**.
3. Le futur exprime une action qui a lieu après le moment où l'on parle, dans l'avenir (demain, bientôt, dans un certain temps ou un temps prochain). Il peut exprimer **différentes intentions**. ***Aller* + *infinitif*** exprime le **futur proche**.

La formation du futur

je tu il/elle nous vous ils/elles	RADICAL	+	r	+	**ai** **as** **a** **ons** **ez** **ont**

Mon exemple Exprime deux fois le même ordre à l'aide du futur et de l'expression *aller* + *infinitif*.

Je m'exerce

Je repère les marques du futur

4 * **Deux verbes au futur ont des formes homophones qui se sont mélangées. Retrouve leur infinitif et copie chaque conjugaison.** Lierons, liront, lira, lieras, lirai, lirez, lierai, lirons, liera, lierez, liras, lieront.

....

....

5 a. ** **Souligne les verbes qui sont au futur.**

1. suivrai, ferait, chantai, courrai, irait
2. prenez, prendrez, finirez, dorez, saurez
3. viendra, oses, ordonna, fuiras, dansas
4. vont, aurions, finiront, font, serons

b. ** **Surligne les verbes dont les terminaisons ne sont pas celles du futur.**

c. ** **Encadre les verbes dont le radical n'est pas terminé par un -*r*.**

d. ** **Quel est le futur de la forme restante ?** ....

Je sais choisir et utiliser le radical qui convient

6 a. * **Pour ces verbes du 3e groupe, le radical du futur s'obtient en enlevant le « -e » de l'infinitif sauf pour un. Souligne l'intrus.** Connaitre • faire • geindre • naitre • plaire • plaindre • prendre • taire • tordre.

b. * **Conjugue cet intrus au futur à toutes les personnes. Si besoin, aide-toi d'un tableau de conjugaison.**

....

7 ** **Entoure la bonne forme du futur. Aide-toi d'un tableau de conjugaison si nécessaire.**

1. Je sortirai / sortirerai demain.
2. Elle crira / criera si elle apprend la nouvelle.
3. Les athlètes courront / couront le cent mètres.
4. Nous cueillirons / cueillerons des coquelicots.
5. Samedi, il vera / verra son cousin.
6. Tu lui enverras / envoyeras des fleurs.

Je reconnais les divers emplois du futur

8 a. * **Remplace l'expression du futur proche «** aller + infinitif **» par le verbe au futur simple.**

1. Je vais mettre ....
2. Tu vas écrire ....
3. Elle va tenir ....
4. Nous allons savoir ....
5. Vous allez avoir ....
6. Ils vont devoir ....

b. * **Réponds à la question en utilisant la bonne forme du futur proche.** (2 réponses attendues)

Irez-vous au stade ce dimanche ? ....

....

9 ** **Indique si les verbes au futur expriment une action future ou un ordre.**

1. Je suis sure qu'il réussira. •
2. Tu iras à la piscine dès que tu auras fini tes devoirs. •
3. Louis partira à New York pour ses dix-huit ans. •
4. Vous rapporterez le pain en revenant. •

• Ordre
• Action future

Je m'entraine à la réécriture

10 ** **Réécris le texte en remplaçant** Je **par** Nous **et** Tu **par** Vous. **Fais toutes les modifications.**

Je te donnerai deux de mes plumes. Tu les garderas autant que tu veux. Grâce à elles, deux de tes souhaits seront exaucés quand tu le voudras.

....

....

....

....

J'applique ce que j'ai appris pour écrire

Invente les recommandations que des parents pourraient donner à leur enfant qui part seul-e. Tu peux imaginer une expédition insolite. Tu devras employer le futur.

....

....

....

24 L'impératif

Connaissances et compétences visées

Dans cette leçon, je vais apprendre à :
- ✓ Reconnaitre un verbe à l'impératif
- ✓ Bien orthographier les terminaisons de l'impératif
- ✓ Compléter un verbe à l'impératif avec un pronom

J'observe et je manipule

Gilgamesh débarque sur l'île où vit le vieil Outa-napishti.
« Donne-moi, je t'en prie, le secret de la vie-sans-fin. […] Oh oui, donne-le-moi et apaise mon chagrin ! »
Outa-napishti ne répond pas. Il regarde ce géant que ses illusions ont délabré. […]
« **Réfléchis**, Gilgamesh ! **Regarde** bien autour de toi et réfléchis ! […] **Choisis** ! […]
Cette liberté-là, tu la possèdes. Jusqu'à maintenant, tu as toujours préféré le pire. **Fais**-en usage pour le meilleur ! Tu le peux. […] Je vais t'expliquer. Mais d'abord, **assieds-toi** sur cette natte, **mange** un pain et **bois** une coupe de bière. »

Le Premier Roi du monde, L'épopée de Gilgamesh, adapté par **J. Cassabois**, © Le Livre de Poche Jeunesse, 2004.

1 a. Lis le texte et souligne les trois verbes par lesquels Gilgamesh réclame l'aide d'Outa-napishti.

b. Réécris la 1re demande de Gilgamesh en commençant la phrase par « Je veux que… ». ……………………………………

……………………………………

c. Compare le texte et ta réécriture. Quelles différences constates-tu dans la conjugaison du verbe ?

……………………………………

……………………………………

bilan **Complète la 1re règle en entourant ce qui convient. Ajoute ce qui convient à la seconde.**
- Quand un verbe se met à l'impératif pour donner un ordre, le pronom personnel sujet apparait/disparait.
- Les verbes en *-er* perdent la marque de la ……………, la lettre ……

2 a. Observe les verbes en gras dans la réponse d'Outa-napishti. Quels verbes ont la même terminaison que ceux employés par Gilgamesh ? Pourquoi ?

……………………………………

b. À quel temps de l'indicatif la conjugaison des autres verbes en gras ressemble-t-elle ?

……………………………………

bilan **Barre la proposition qui ne convient pas.**
- La conjugaison du présent de l'impératif ressemble à/diffère de celle du présent de l'indicatif.

3 a. Souligne, dans la phrase, le complément représenté par le pronom en gras.
« Donne-moi, je t'en prie, le secret de la vie-sans-fin. […] Oh oui, donne-**le**-moi. »

b. Où se situent les compléments par rapport au verbe ? ……………………………………

c. Quel signe attache le pronom au verbe ? Trouve, dans le texte, deux autres exemples.

……………………………………

bilan **Où se placent les pronoms par rapport aux verbes à l'impératif ? Comment leur sont-ils reliés ?**

……………………………………

Je retiens

1. L'**impératif** sert à formuler des **conseils**, des **ordres** ou des **interdictions**. Il s'emploie sans pronom personnel sujet et seulement à 3 personnes : la 2e PS, la 1re PP et la 2e PP.
2. Les **formes du présent de l'impératif** sont les **mêmes que celles du présent de l'indicatif** sauf pour :
   – les verbes en ***-er***, **couvrir**, **cueillir**, **offrir** et **ouvrir** qui se terminent en « **-e** » à la 2e PS ;
   – **être** : sois, soyons, soyez et **avoir** : aie, ayons, ayez ; **savoir** : sache, sachons, sachez
   – **vouloir** : veuille, veuillons, veuillez. Attention, **ne pas en vouloir** : ne m'en veux pas, ne m'en veuillez pas.
3. Les pronoms compléments s'attachent avec un trait d'union au verbe à l'impératif. Devant **en** ou **y**, tous les impératifs de 2e PS s'écrivent avec un ***-s*** (Ex. « vas-y », mais « va-t'en »).

L'impératif présent
- ordre
- pas de pronom personnel sujet ~~tu nous vous~~
- terminaisons e/s, ons, ez

Mon exemple Recopie une consigne courante à l'impératif que tu entends dans ton quotidien.

……………………………………

Je m'exerce

Je sais reconnaître un verbe à l'impératif

4 a. * **Souligne les verbes à l'impératif.**

SCAPIN. – Laisse-moi faire, la machine est trouvée. Je cherche seulement dans ma tête un homme qui nous soit affidé, pour jouer un personnage dont j'ai besoin. Attends. Tiens-toi un peu. Enfonce ton bonnet en méchant garçon. Campe-toi sur un pied. Mets la main au côté. Fais les yeux furibonds. Marche un peu en roi de théâtre. Voilà qui est bien. Suis-moi. J'ai des secrets pour déguiser ton visage et ta voix.

Molière, *Les Fourberies de Scapin*, acte I, scène 5, 1671.

b. * **Donne l'infinitif des verbes terminés par un -s.**

.... • .... • .... • .... • ....

c. **Mets ces verbes à la 2e PP.**

.... • .... • .... • .... • ....

5 ** **Indique si le verbe souligné est au présent de l'indicatif ou de l'impératif.**

1. Est-ce que vous savez vos leçons ? •
2. Sachez vos tables de multiplication pour lundi. •
3. Si nous ne lui disons pas la vérité, elle se fâchera. •
4. Ne lui disons rien avant ce soir. •
5. Qu'en dites-vous ? •

• Présent de l'impératif
• Présent de l'indicatif

Je choisis la bonne terminaison de l'impératif

6 * **Complète les phrases avec l'un des deux verbes au présent de l'impératif** relier **ou** relire.

.... ta leçon avant de me la réciter. • .... ces documents pour en faire un dossier.

7 ** **Identifie la personne du déterminant possessif dans chaque phrase. Orthographie le verbe à la même personne.**

1. (avoir) A........ le courage d'avouer votre erreur. A........ le courage d'avouer ton erreur.
2. (être) So........ certains de nos résultats. So........ certains de vos résultats.
3. (offrir) Offr........ ces roses à ta mère. Offr........ cette possibilité à nos voisins.

Je complète un verbe à l'impératif avec un pronom

8 * **Réécris les phrases en remplaçant le GN complément par un pronom complément.**

Donne la clé. .... • Prends le bus ! .... • Nourris les oiseaux. ....
Bois la soupe ! .... • Regarde le ciel. .... • Tiens les rênes ! ....

9 ** **Conjugue les verbes au présent de l'impératif.** Aide-toi d'un tableau de conjugaison si nécessaire.

Ex. S'assoir → assieds-toi, asseyons-nous, asseyez-vous • Se laver : ....
Se taire : .... • Se baisser : ....
Se promener : ....

Je m'entraine à la réécriture

ORTHO

10 ** **Mets les groupes verbaux au singulier.**
N'oublie pas d'ajouter un -s si nécessaire.

Faites-en deux : ....
Allez-y calmement : ....
Coupez-en une de plus : ....
Croyez-y ou non : ....
Mangez-en davantage : ....
Retournez-y demain : ....

J'applique ce que j'ai appris pour écrire

Invente une recette de gâteau en mettant les verbes à la 2e PP de l'impératif.

....

25 Les temps composés

Connaissances et compétences visées

Dans cette leçon, je vais apprendre à :

- ✔ Distinguer un temps simple d'un temps composé
- ✔ Reconnaitre et conjuguer les temps composés de l'indicatif
- ✔ Utiliser le bon auxiliaire

J'observe et je manipule

1 a. Classe les formes verbales selon leur apparence en deux colonnes dans le tableau.

J'ai rangé • je rangerais • j'aurai rangé • je rangeai • je range • j'eus rangé • je rangerai • j'avais rangé • j'aurais rangé • je rangeais.

b. Explique ton classement selon l'apparence du verbe.

....

....

....

Ta réponse à la question 1	
Ta réponse à la question 2	

bilan Choisis une des deux propositions et barre l'autre.

- Quand le verbe est en une seule partie / deux parties, c'est un **temps simple**.
- Quand le verbe est en une seule partie / deux parties, c'est un **temps composé**.

2 a. Les formes de l'exercice 1 sont des formes verbales personnelles (= elles changent selon la personne du verbe). Classe dans le même tableau les formes verbales qui ne sont pas personnelles :
ayant rangé • ranger • avoir rangé • rangeant.

b. D'après toi, parmi ces quatre formes verbales, lesquelles indiquent que l'action est achevée au moment où l'on en parle ? Aide-toi de ces deux phrases d'exemple pour répondre.

1. Ayant rangé sa chambre, il se mit à jouer. **2.** Tout en rangeant sa chambre, il se mit à jouer.

....

bilan Complète la phrase avec l'une des deux expressions suivantes : en cours/achevée.

- Quand une forme verbale est à un temps composé, l'action du verbe est ....

3 Associe chaque forme simple à la forme composée qui lui correspond.

j'allais • je louai • je loue • j'irai • je vais • je louais • j'allai • je louerai

.... > J'ai loué • .... > J'avais loué • .... > J'aurai loué • .... > J'eus loué

.... > Je suis allé(e) • .... > J'étais allé(e) • .... > Je serai allé(e) • .... > Je fus allé(e)

bilan Donne le temps de la forme simple et de l'auxiliaire pour chaque colonne.

1. .... **2.** .... **3.** .... **4.** ....

Je retiens

1. Un verbe à un **temps simple** a **une forme verbale en une seule partie**. Un verbe à un **temps composé** a une **forme verbale en deux parties** : un ***auxiliaire*** conjugué et un ***participe passé***.
2. Le temps simple indique une action ***en cours*** ; le temps composé indique une action ***achevée***.
3. Chaque temps simple a une forme composée qui lui correspond.
   Pour l'indicatif :
   présent > passé composé (auxiliaire au présent)
   imparfait > plus-que-parfait (auxiliaire à l'imparfait)
   futur > futur antérieur (auxiliaire au futur)
   passé simple > passé antérieur (auxiliaire au passé simple)
   Avec l'auxiliaire ***être***, le participe passé s'accorde comme un attribut avec le sujet du verbe.

TEMPS COMPOSÉ

=

auxiliaire à un temps simple + participe passé du verbe choisi

Mon exemple Choisis un verbe et mets-le à la 1re PS des quatre temps composés de l'indicatif.

....

Je m'exerce

Je distingue un temps simple d'un temps composé

4 a. * **Souligne les formes à un temps simple parmi ces formes verbales.**

Il dormira • nous étions sortis • fleurissant • j'eus terminé • nous aimerions • elles avaient compris • qu'ils aient voulu • tu entendis • ayant changé • je vois • ils peignaient • tu aurais voulu • que je sois • nous avons fini • vous aurez eu.

b. * **Quelle forme soulignée n'est pas une forme personnelle (= avec pronom) ?** ....

5 ** **Encadre les verbes qui sont à un temps composé.**

1. Comme son père avait perdu beaucoup d'argent, la Belle habitait dans une petite maison.
2. Le père de la Belle arriva dans le château de la Bête, après s'être perdu dans les bois.
3. « Quand tu auras donné cette rose à la Belle, tu devras revenir pour mourir ! » dit la Bête.
4. Les sœurs de la Belle ont été si odieuses qu'elles deviennent des statues à la fin du conte.
5. La Belle a appris que son père était malade ; c'est pourquoi elle veut rentrer chez elle.

Je reconnais les temps composés de l'indicatif

6 * **Identifie le temps de chaque forme composée. Aide-toi du temps de l'auxiliaire pour répondre.**

nous étions sortis •	• plus-que-parfait
ils eurent posé •	• passé antérieur
tu seras venue •	• futur antérieur
nous eûmes parlé •	• passé composé
elle avait compris •	
vous avez ri •	
elles auront vécu •	
j'ai fait •	

7 * **Nomme le temps composé utilisé.**

1. Ta mère l'a aperçu. ....
2. Rania m'aura donné l'explication. ....
....
3. Ta sœur ne l'avait pas cru. ....
4. Yvan eut attrapé la plume. ....
5. L'oiseau avait chanté. ....

Je conjugue aux temps composés de l'indicatif

8 ** **Mets le verbe entre parenthèses au temps composé qui correspond au temps simple souligné.**

1. Puisque tu .... (finir) tes devoirs, tu peux jouer en attendant le repas.
2. Comme vous l'.................... (observer), vous connaissiez ses habitudes.
3. Dès que nous .... (arriver) à la porte, notre chien aboiera.
4. Quand ils .... (quitter) l'autoroute, ils se perdirent dans la campagne.
5. Quand je .... (rentrer) de promenade, je prendrai un gouter.
6. Comme il .... (manger) avant nous, il nous préparera le café.
7. Puisqu'elles .... (gagner) la course, elles pouvaient se reposer.
8. Dès que tu .... (lire) ce livre, il faudra me le prêter.

J'applique ce que j'ai appris pour écrire

Réécris ce texte au passé composé.

Noé prévient sa famille de la menace. Tous se mettent à rassembler les animaux par couples. D'abord arrivent les petits animaux. Noé place leurs cages au fond du bateau. Puis viennent les gros animaux. Les fauves occupent le côté droit de la cale. Les éléphants prennent le côté gauche. Les oiseaux nichent sur le pont. Les poissons restent dans la mer. Le déluge dure quarante jours. Au bout de ce temps, la colombe ramène un rameau d'olivier et tout le monde sort.

....
....
....
....
....
....
....
....
....

26 La lettre finale et l'accord simple du participe passé

Connaissances et compétences visées

Dans cette leçon, je vais apprendre à :
- ✔ Identifier et connaitre les terminaisons du participe passé
- ✔ Accorder le participe épithète ou attribut
- ✔ Connaitre l'orthographe du participe passé au féminin

J'observe et je manipule

1 a. Observe la conjugaison du verbe connaitre **au passé composé.**
J'ai connu, tu as connu, il/elle a connu, nous avons connu, vous avez connu, ils/elles ont connu.

b. Quel élément du verbe a changé ? L'auxiliaire avoir **ou le participe passé** connu **?**

....

bilan Dans un temps composé avec l'auxiliaire avoir**,**
- l'auxiliaire change selon la personne. ❍ Vrai ❍ Faux
- le participe passé change selon la personne. ❍ Vrai ❍ Faux
- le participe passé est une forme verbale ❍ personnelle ❍ impersonnelle

2 a. Observe la conjugaison du verbe venir **au passé composé.** Je suis venu(e) • tu es venu(e) • il est venu • elle est venue • nous sommes venu(e)s • vous êtes venu(e)s • ils sont venus • elles sont venues.

b. Qui peut dire « Je suis venue ici. » **? Comment le sais-tu ?** ❍ C'est Julien. ❍ C'est Amélie.

....

bilan Qu'arrive-t-il au participe passé quand il est conjugué avec l'auxiliaire être **?**

....

....

3 a. Observe les participes soulignés dans les phrases.

Iris est un mannequin connu dans le monde entier. •
C'est une jeune femme connue dans le monde entier. •
La jeune femme est connue dans le monde entier. •

• épithète
• attribut

b. Indique si le participe passé souligné est une épithète ou un attribut.

c. Le participe passé peut-il être remplacé par l'adjectif « célèbre » **?** ....

bilan De quelle classe de mots se rapproche le participe passé pour la règle d'accord ?

....

Je retiens

1. Le **participe passé** ne varie pas selon la personne du verbe : c'est une **forme impersonnelle**.
Il s'emploie pour qualifier un nom (un GN ou un pronom), il est alors **employé comme adjectif épithète** ou pour **former des temps composés** avec un auxiliaire (**avoir** ou **être**).
Il **s'accorde** en **genre** et en **nombre** :
– avec le nom (le GN ou le pronom) qu'il qualifie ;
– avec le sujet, quand il est employé avec l'auxiliaire **être** dans un temps composé. Il est alors l'**attribut du sujet**.

2. À l'**oral**, le féminin ne s'entend que si le participe passé est terminé par un **-t** ou un **-s**.
Certains verbes ont un participe passé invariable, car ils n'ont pas de complément : par exemple, **être** (été).

La formation du participe passé
- 1er groupe : radical + é
- 2e groupe : radical + i
- 3e groupe : radical + i, u, t, s, é

L'accord des participes passés
- sujet + auxiliaire **être** + participe passé : **accord avec le sujet** ☺
- sujet + auxiliaire **avoir** + participe passé : **pas d'accord avec le sujet** ☹

Mes exemples Écris deux phrases à un temps composé, l'une avec l'auxiliaire *être*, l'autre avec *avoir*.

....

....

Je m'exerce

Je connais les terminaisons du participe passé

ORTHO

4 * **Classe dans le tableau ces participes passés selon le son de leur terminaison.**

Prise, offert, finie, cuite, dit, due, fait, incluse, offerte, lu, fini, pris, lue, dû, faite, inclus, mort, dite, cuit, morte.

masculin	féminin		
	Sans changement de son	+[t]	+[z]
[ɛ]			
[i]			
[y]			
[ʀ]			

5 * **Ajoute la bonne terminaison pour former le participe passé :** é, i, is, it, t, u.

prendre : pr..... • écrire : écr..... • avoir : e..... • apercevoir : aperç..... • peindre : pein..... • naitre : n..... • guérir : guér..... • placer : plac..... • devenir : deven.....

6 a. ** **Surligne, dans chaque liste, les mots qui sont des participes passés.**

1. vendit, vendu, vendus, vendis **2.** fais, fait, fit, faites **3.** écrits, écris, écrit, écrite
4. finis, finies, finit, fini **5.** terminé, terminer, terminais, termina, terminées

b. ** **Parmi les participes passés surlignés, trouve quatre homophones de formes verbales. Identifie ces formes (personne, temps).**

.... • ....

.... • ....

J'accorde le participe épithète ou attribut

ORTHO

7 a. * **Souligne les quatre participes passés employés comme adjectifs épithètes. Encadre les six qui forment un temps composé avec un auxiliaire.**

b. * **Recopie le premier GN avec un participe adjectif souligné et remplace le nom par** « portails ». **Fais l'accord nécessaire.**

....

c. ** **Dans la première phrase du dernier paragraphe, relève un verbe conjugué avec l'auxiliaire** être **et un verbe conjugué avec l'auxiliaire** avoir. **Mets chacun d'eux à la 3e PP féminin (elles) au même temps.**

....

....

Si vous passez devant la porte ouverte de la grande caserne des pompiers […]

Vous risquez de remarquer parmi les tenues de soldats du feu suspendues là une toute petite veste de cuir noir, un petit casque et une petite paire de bottes perdue au milieu des grandes paires de bottes réglementaires.[…] C'est par une froide soirée d'hiver que Henry a fait sa deuxième vraie grosse bêtise. Toujours sans le faire exprès.

Il était puni dans sa chambre parce qu'il avait pris froid en jouant dans la neige alors que sa mère le lui avait formellement interdit. Henry s'était construit une cabane. […] Il a allumé une bougie pour lire son livre préféré sous sa tente : *Les Voyages de Gulliver*.

F. Roca et F. Bernard, *Le Pompier de Lilliputia*,
© Albin Michel jeunesse, 2009.

Je reconnais les marques orales de l'accord

ORTHO

8 * **Accorde le participe passé avec le sujet proposé.**

Le débat est clos. La discussion ....
Les enfants sont assis. Les filles ....
Le compte est joint. Les mains ....
L'accès libre est offert. L'entrée ....

9 * **Mets le GN au singulier.**

Des engagements pris. ....
Des épaules démises. ....
Des personnes instruites. ....

J'applique ce que j'ai appris pour écrire

Complète le texte avec le participe passé des verbes entre parenthèses en accordant si besoin.

(Naitre) .... quelques jours auparavant, le louveteau n'avait *(ouvrir)* .... les yeux que le matin même. Sa mère, *(attendrir)* ...., le suivait d'un regard *(distraire)* .... Le monde *(connaitre)* .... se restreignait à sa tanière dont il explorait les recoins d'un air *(abattre)* .... Le vieil arbre .... *(tordre)* sous lequel ils avaient *(trouver)* .... refuge les protégeait des vents *(déchainer)* ....

27 Les terminaisons en [e] ou [ɛ] : -er/é/és/ées/ait/ez

Connaissances et compétences visées

Dans cette leçon, je vais apprendre à :
- ✔ Orthographier les infinitifs en -er
- ✔ Différencier les emplois du participe en -é
- ✔ Distinguer les temps des verbes qui ont des terminaisons homophones

J'observe et je manipule

1 **a. Écoute ton enseignant-e prononcer ces phrases.**

b. Choisis, parmi ces terminaisons, celle qui convient pour chaque phrase : -ai/-ait/-é/-er/-ez.

Si tu as du mal à choisir, associe les terminaisons -ai/ait au son [ɛ] et les terminaisons -é/-er/-ez au son [e].

1. Dans[e] est mon plus grand plaisir. ....
2. Vous dans[e] divinement bien. ....
3. La cigale a dans[e] tout l'été. ....
4. Jules dans[ɛ] tous les samedis. ....
5. Je danser[ɛ] au prochain bal. ....
6. Chaque samedi, tu dans[ɛ] avec Jules. ....

bilan **Complète la phrase avec les chiffres qui conviennent.**

• Alors qu'il y a .... sons /E/, il y a au moins .... façons différentes de les écrire.

2 **Lis la méthode proposée puis complète les phrases avec la bonne terminaison, encadre ce qui t'a aidé.**

• **-er** : on peut remplacer le verbe par un infinitif du 3e groupe quand il se trouve après une préposition (à, de, pour…) ou un autre verbe (vouloir, pouvoir, laisser, faire, il faut…).
• **-ez** : on peut remplacer le pronom ***vous*** qui précède le verbe par le pronom ***nous.***
• **-é** : on peut remplacer le participe par ***pris***, si c'est un participe masculin ; par ***prise*** s'il est féminin, le participe s'écrit alors **-ée**. Avec l'auxiliaire ***être***, l'accord se fait avec le sujet. Avec l'auxiliaire ***avoir***, il n'y a pas d'accord avec le sujet.
• **ai** : le verbe est au futur et son sujet est ***je***. On vérifie en remplaçant ***je*** par ***nous***.
• **-ais**/**-ait**/**-aient** : pour vérifier que le temps est l'imparfait, change le sujet et utilise ***nous***.

1. Le spectacle ven........ de commenc........ .
2. Les choristes av........ entam........ leur air tandis que le danseur tourn........ sur lui-même.
3. Les spectateurs charm........ admir........ les mouvements compliqu........ que fais........ l'artiste.
4. À la fin du chant, il s'est arrêt........ pour s'allong........ doucement sur le sol.
5. C'est ainsi que le spectacle s'est termin........ . L'av........ -vous appréci........ ? Vous sembl........ conquis.
6. J'y retourner........, car tu av........ raison et j'av........ tort. Ce spectacle val........ vraiment la peine.

Je retiens

1. **Les terminaisons en [e] ou [ɛ]**, souvent confondues à l'oral, doivent **être distinguées à l'écrit**.
2. La terminaison [ɛ] s'écrit : **-ai** à la 1re PS du futur simple ; **-ais** à la 1re et à la 2e PS, **-ait** à la 3e PS ; **-aient** à la 3e PP de l'imparfait.

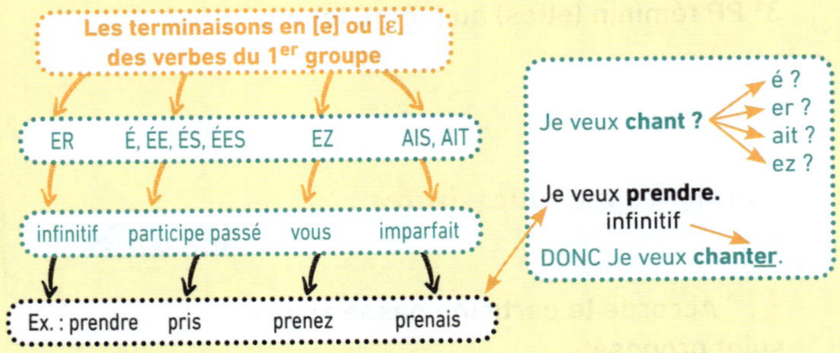

3. La terminaison [e] s'écrit : **-é/-ée/-és/-ées** pour le participe passé des verbes en **-er** ; **-er** pour l'infinitif des verbes du 1er groupe et du verbe *aller* ; **-ez** pour la 2e PP du présent, de l'imparfait et du futur de l'indicatif, et du présent de l'impératif.
4. **Changer le temps, la personne** ou **le nombre** permet de choisir la bonne forme à écrire.

Mon exemple Utilise le même verbe du 1er groupe présentant des terminaisons homophones dans deux phrases différentes.

....

....

Je m'exerce

J'orthographie l'infinitif en -er

3 * **Transforme les phrases en utilisant les expressions** « Prière de » **ou** « Interdit de » **suivies de l'infinitif.**

1. Je ne veux pas que tu renonces.

....

2. Je veux que vous alliez plus vite.

....

3. Je ne veux pas que vous jouiez là.

....

4. Le maire ne veut pas d'affichage.

....

4 ** **Complète les verbes par -é ou -er.**
Pour bien repérer l'infinitif, entoure la préposition qui le précède ou souligne le verbe souvent suivi d'un infinitif.

1. Ulysse, aid...... par Hermès, parvient à maitris...... la magicienne.
2. Les Sirènes veulent dévor...... les amis d'Ulysse, mais ils ne se laissent pas envout.......
3. Ils ont bouch...... leurs oreilles pour ne pas écout...... ce chant mélodieux.
4. Ulysse est attach...... au mât afin d'évit...... la tentation de faire échou...... son navire.

Je différencie les emplois du participe passé en -é

5 ** **Mets les verbes à la personne et au temps composé demandés :** PC = passé composé, PQP = plus-que-parfait. Certains verbes se conjuguent avec l'auxiliaire *être*.

Rester (1re PS, PQP) : ....
Marcher (2e PS, PC) : ....
Demander (3e PS, PC) : ....
Aller (2e PP, PQP) : ....
Trembler (3e PP, PQP) : ....
Monter au sommet (2e PP, PC) : ....
Oublier (3e PS, PC) : ....
Monter ce meuble (2e PP, PC) : ....

6 ** **Remplace les adjectifs soulignés par leurs synonymes de la liste. Fais les accords nécessaires.** *Cultivé • desséché • édifié • habillé • protégé par • resserré*

1. Cette cité <u>munie d'</u>/.................... par un rempart est imprenable.
2. Il traversa seul ces terres <u>arides</u>/.....................
3. Ces bibliothécaires fort <u>instruites</u>/.................... lui furent d'une grande aide.
4. <u>Construite</u>/.................... sur un éperon rocheux, la citadelle domine la ville.

Je distingue les terminaisons homophones

7 * **Donne l'infinitif des verbes et précise leur temps et leur personne** (plusieurs réponses possibles).

voudrez : ....
voulaient : ....
irai : ....
allez : ....
faisais : ....
faisiez : .... ferez : ....

8 ** **Complète les phrases en mettant le verbe entre parenthèses à la forme qui convient.**

1. Demain je .... (terminer) cette réparation et vous .... (être) contents du résultat.
2. Dans deux jours, quand vous .... (savoir) cette leçon, vous .... (pouvoir) faire le devoir.
3. Hier, quand mes sœurs .... (rentrer), j'.................... (envoyer) le courrier depuis deux heures.

J'applique ce que j'ai appris pour écrire

Écris la dictée lue par ton enseignant-e. Relis-toi avec méthode. Encadre le verbe construit avec des infinitifs. Souligne les participes passés employés comme adjectifs et justifie leurs accords.

....
....
....
....
....
....
....

J'évalue mes acquis — Conjuguer correctement les verbes

As-tu bien compris les leçons sur le verbe ? Vérifie en lisant cet extrait et en répondant aux questions d'un des trois groupes.

Aristée l'enchanteur

« Je m'appelle Aristée. Et toi, quel est ton nom ?

– Je te le **dirai** plus tard. Ne te vexe pas. J'ai une bonne raison pour cela, et tu la **connaîtras**, je t'en donne ma parole. Bavardons d'abord un moment, qu'en dis-tu ? Et mangeons ! Tes moutons se garderont bien tout seuls. J'ai cheminé sans pause depuis l'aube et je meurs de faim. »

En entendant ces mots, Aristée se palpa le ventre et constata avec satisfaction que la sensation de pesanteur s'était envolée :

« J'ai faim, moi aussi ! se surprit-il à répondre. Malheureusement, j'ai épuisé toutes mes réserves.

– Ne t'en fais pas, le **rassura** Orphée, j'ai de quoi manger pour deux. »

Ils s'installèrent près de l'eau, à la fraîcheur des aulnes. Avant toute chose, Orphée se lava les pieds, les mains et le visage. Il prit le temps, aussi, de nettoyer son bandeau et ses sandales qu'il mit à sécher sur une pierre.

Il s'apprêtait à savourer pleinement ce moment [...]. Le port de Pagases de Thessalie n'était plus loin. Et si Orphée se réjouissait d'y embarquer à bord de l'Argo, il n'**oubliait** pas combien la mer est redoutable et pleine de dangers.

G. Jimenes, *Orphée l'enchanteur, Histoires noires de la mythologie*, © Nathan, 2004.

Groupe 1

Je repère

1. Indique le temps de ce verbe et précise son infinitif « Je te le dirai ».

....

2. Souligne (l. 5 à 6) **deux verbes exprimant un ordre. À quel mode et à quel temps sont-ils conjugués ?** ....

3. À quel temps et à quelle personne le verbe surligné en jaune est-il conjugué ?

....

Je manipule

4. a. Réécris cette phrase à l'imparfait.
« La mer <u>est</u> redoutable <u>et</u> pleine de dangers. »

....

b. Justifie l'orthographe des mots soulignés.

....

....

5. a. Mets ces phrases au passé composé.
« J'ai faim. Je meurs de faim. »

....

b. S'il s'agissait d'un personnage féminin, comment écrirais-tu les participes passés ?

....

6. Mets ce verbe à l'imparfait puis au futur.
« J'ai cheminé. » ....

J'écris

7. Poursuis le texte. Orphée raconte à la 1re PS son voyage à pied jusqu'au lieu où sont les deux personnages. Écris ce récit au passé composé.

Groupe 1, 2 ou 3 : *je rédige en respectant la consigne 7*

....

....

....

....

....

....

....

Groupe 2

Je repère

1. Souligne les trois verbes (l. 7 à 8)**. Indique leur temps et donne leur infinitif.**

2. À quels mode et temps le verbe « Bavardons » (l. 5) **est-il conjugué ? Qu'exprime ce mode ?**

3. a. À quel temps et à quelle personne le verbe surligné en rose est-il conjugué ?

b. À quel temps et à quelle personne le verbe surligné en jaune est-il conjugué ?

Je manipule

4. a. Entoure deux homophones (l. 1).
b. Quelle réécriture t'aiderait à les distinguer ?

5. a. Mets le passage « Orphée se lava ... son bandeau » (l. 18 à 20) **au passé composé.**

b. Si Eurydice, épouse d'Orphée, devient le sujet du 2e verbe, le participe passé prend-il la marque du féminin ?

6. Mets ce verbe à l'imparfait puis au futur.
« J'ai cheminé. »

J'écris

7. Poursuis le texte en quelques lignes. Raconte à la 3e personne le repas d'Orphée et du berger Aristée sans utiliser de dialogue. Tu emploieras l'imparfait et le passé simple.

Groupe 3

Je repère

1. Souligne les trois verbes (l. 9 à 11)**. Indique leur temps et donne leur infinitif.**

2. Souligne (l. 3 à 6) **trois verbes exprimant un ordre. Souligne** (l. 15 à 16) **un verbe exprimant un conseil. À quels mode et temps sont-ils tous conjugués ?**

3. À quel temps et à quelle personne le verbe surligné en rose est-il conjugué ?

Je manipule

4. a. Entoure deux homophones (l. 26)**.**
b. Quelle réécriture t'aiderait à les distinguer ?

5. a. Conjugue les quatre verbes en gras au passé composé à la même personne que dans le texte.

b. Quelles modifications dois-tu faire s'il s'agit de personnages féminins ?

6. Mets ce verbe à l'imparfait puis au futur.
« J'ai cheminé. »

J'écris

7. Invente la suite du repas d'Orphée et Aristée à la 3e personne en utilisant l'imparfait et le passé simple. Dans un court passage dialogué au passé composé, Orphée raconte à Aristée son voyage à pied jusqu'au lieu de leur rencontre.

Compétences évaluées J'évalue mes acquis en complétant chaque smiley.	🙂😐☹️
1. J'ai repéré les modes et les temps des verbes.	
2. J'ai résolu des difficultés orthographiques.	
3. J'ai accordé correctement les participes passés.	
4. J'ai bien su utiliser les temps dans le récit.	

Ce que je sais déjà faire — Les compléments du verbe

• Dans cette double page, tu vas pouvoir **réviser** ce que tu as appris en primaire afin de **te préparer** aux leçons qui vont suivre.
• **Lorsque tu en as besoin**, tu peux consulter la *Boîte à outils* et cocher au fur et à mesure les outils que tu as utilisés.

Un matin qu'il était parti à la petite pointe du jour, en passant dans une grande prairie, […] il aperçut sur l'herbe une grosse carpe dorée, qui bâillait, et qui n'en pouvait plus ; car, ayant voulu attraper de petits moucherons, elle avait sauté si haut hors de l'eau, qu'elle s'était élancée sur l'herbe, où elle était prête à mourir. Avenant en eut pitié ; et, quoiqu'il fût jour maigre, et qu'il eût pu l'emporter pour son dîner, il fut la prendre, et la remit doucement dans la rivière. Dès que ma commère la carpe sentit la fraîcheur de l'eau, elle commence à se réjouir, et se laisse couler jusqu'au fond ; puis, revenant toute gaillarde au bord de la rivière : « Avenant, dit-elle, je vous remercie du plaisir que vous venez de me faire ; sans vous je serais morte, et vous m'avez sauvée : je vous le revaudrai. »

Mme d'Aulnoy, « La Belle aux Cheveux d'Or », *Contes merveilleux*, Magnard Collège, 2002.

Ce que je peux savoir avant de lire l'extrait

a. Le texte est un extrait de :
❍ conte.
❍ fable.
❍ roman.

b. Un des personnages est :
❍ une bête aux cheveux brillants.
❍ une jeune fille blonde.
❍ un ballon doré.

Je vérifie ma compréhension de l'extrait

c. La scène se passe :
❍ au fond de l'eau.
❍ au bord d'une rivière.

d. Avenant décide de :
❍ passer son chemin.
❍ sauver le poisson.

e. La carpe promet de :
❍ punir le jeune homme.
❍ se montrer reconnaissante.

I *Je sais identifier le pronom sujet d'un verbe*

a. Dans la première phrase du texte, l. 1 à 6, l'auteur emploie seulement deux pronoms personnels sujets. Lesquels ? À quel personnage chacun correspond-il ?

....

....

b. Dans la partie dialoguée à la fin de l'extrait, un personnage dit : « sans vous je serais morte, et vous m'avez sauvée ». **Souligne les verbes conjugués et entoure chaque sujet. Désigne le personnage qui correspond à chaque sujet.**

....

c. Mets les quatre pronoms personnels sujets de l'extrait dans ce tableau. Puis complète-le, dans une autre couleur, avec les pronoms personnels sujets manquants.

Boîte à outils 1

1re p. sing	2e p. sing.	3e p. sing	1re p. pl.	2e p. pl.	3e p. pl

Compétences réactivées

Dans cet atelier, je vérifie que je sais :

✔ Identifier le pronom sujet d'un verbe
✔ Distinguer complément du verbe et complément de phrase
✔ Distinguer un complément direct d'un complément indirect

2 Je sais distinguer complément du verbe et complément de phrase

a. Observe la phrase « il aperçut sur l'herbe une grosse carpe dorée ».
Souligne le verbe et entoure le sujet. Encadre le groupe avec une préposition qui indique le lieu.

b. Observe les déplacements effectués. Indique si chaque phrase obtenue est correcte ou non.

1. Sur l'herbe, il aperçut une grosse carpe dorée. ❍ phrase correcte ❍ phrase incorrecte
2. Il aperçut une grosse carpe dorée sur l'herbe. ❍ phrase correcte ❍ phrase incorrecte
3. Il aperçut sur l'herbe une grosse carpe dorée. ❍ phrase correcte ❍ phrase incorrecte

bilan **Un groupe prépositionnel, c'est-à-dire introduit par une préposition, qui peut se déplacer sans rendre la phrase incorrecte, est un** ❍ complément du verbe. ❍ complément de phrase.

c. Si tu supprimes « une grosse carpe dorée », **la phrase** « Il aperçut dans l'herbe. » **a-t-elle du sens ?**

....

d. Propose deux GN qui pourraient remplacer « une grosse carpe dorée » **et garder du sens à la phrase.**
Il aperçoit .... dans l'herbe.

Boite à outils 2

3 Je sais distinguer le complément direct du complément indirect

a. 1. Réécris la phrase en employant l'expression « c'est ... que » **; mets ainsi en valeur le complément direct en l'encadrant en début de phrase.** « La carpe offre un cadeau à Avenant ».
C'est .... que ....

2. Réécris la même phrase en mettant cette fois-ci en valeur le complément indirect par « c'est ... que ».
C'est .... que ....

3. Entoure dans les trois phrases la préposition qui introduit le complément indirect. *Boite à outils 3*

b. 1. Sur le même modèle qu'en a., transforme cette phrase en deux phrases avec l'expression « c'est ... que » **.**
« La carpe remercie Avenant de son intervention. »
C'est .... que ....
C'est .... que ....

2. Quelle préposition introduit le complément indirect ? .... *Boite à outils 4*

Boite à outils

❍ **1** Les principaux pronoms de la narration sont *il(s)*, *elle(s)*. Le dialogue utilise *je*, *tu nous*, *vous*.

❍ **2** Si on peut déplacer un GN dans la phrase, parfois loin du verbe, ce GN est un complément de phrase.

❍ **3** L'expression « c'est ... que » permet de mettre en valeur un complément du verbe en le mettant en tête de phrase.

❍ **4** Le nom ou GN complément indirect est toujours introduit par une préposition. Certains verbes ont deux compléments indirects.

28 Les compléments du verbe, direct et indirect

Connaissances et compétences visées

Dans cette leçon, je vais apprendre à :

✔ Reconnaitre la construction d'un verbe

✔ Distinguer le complément direct du complément indirect

J'observe et je manipule

1 a. Lis ces proverbes.

b. Souligne les verbes conjugués.

c. Encadre les deux compléments présents dans ces proverbes.

1. Les voyages forment la jeunesse.
2. Le chien aboie, la caravane passe.
3. Qui dort dine.
4. Pierre qui roule n'amasse pas mousse.

bilan **Tous les verbes ont-ils besoin d'un complément ?** ……………………………………

2 Si on supprime chaque complément souligné, les phrases ont-elles encore un sens ?

1. Le Rat libère <u>le Lion</u>. **2.** La Tortue propose <u>une course</u> <u>au Lièvre</u>. **3.** Le Corbeau lâche <u>un fromage</u>.

……………………………………………………………………………………

bilan **Barre l'adjectif qui ne convient pas.**

La présence d'un complément est essentielle/inutile/nécessaire/obligatoire pour que la phrase ait un sens.

3 a. Associe les compléments en gras à leur classe ou nature grammaticale.

Ulysse aime **Pénélope**. •	• Verbe à l'infinitif
Elle pense **à son mari**. •	• GN
Elle **l'**attend patiemment. •	• Nom propre
Ulysse veut **revenir**. •	• Proposition introduite par « que »
Elle désire **qu'il revienne**. •	• Pronom

b. Où se place en général le complément par rapport au verbe ? ❍ à gauche ⊗ à droite

bilan **Quelle est la classe grammaticale du complément qui se place avant le verbe ?**

……………………………………………………………………………………

4 Associe chaque phrase à sa construction.

1. La Cigale renonce à chanter. •	• verbe — complément
2. Le loup dévore l'Agneau. •	• verbe — préposition — complément
3. Le Renard imagine un piège pour le Bouc. •	• verbe — complément — préposition — complément

bilan **Quand une préposition est placée à gauche du complément, on dit que le complément est :** ❍ direct. ❍ indirect.

Je retiens

1. Le complément du verbe (ou complément d'objet) est « **essentiel** » : il ne peut être déplacé hors du groupe verbal ; en général, il ne peut être supprimé. Certains verbes n'ont jamais de complément.
2. Le complément du verbe peut être un **nom propre**, un **GN**, un **pronom**, un **infinitif** ou une **proposition**.
3. Le complément se place **à droite du verbe**, sauf le pronom qui se place à gauche.
4. Le complément peut être **direct**, construit sans préposition, ou **indirect**, construit avec préposition (à, de…).
5. Certains verbes se construisent avec **deux compléments** (directs ou indirects).

Complément du verbe
essentiel,
non déplaçable

C. direct
Complète directement le verbe

C. indirect
Relié au verbe par une préposition (à, de…)

Mon exemple Recopie une phrase avec un complément direct et un complément indirect.

……………………………………………………………………………………

Je m'exerce

Je sais repérer les verbes qui se construisent sans complément

5 * Souligne les verbes employés sans complément.

1. Dès que tu arrives, notre chien aboie rageusement.
2. Elle travaille et s'occupe de ses animaux en rentrant.
3. Prends une tisane et lis un peu.
4. Viendras-tu demain ?

6 a. * Barre les deux verbes qui peuvent être suivis d'un complément essentiel : *bavarder • clignoter • danser • hésiter • mousser • porter • tousser*

b. ** Écris deux phrases simples en utilisant les verbes barrés. ....

....

Je distingue le complément direct du complément indirect

7 ** Souligne le complément direct de chaque phrase et indique sa classe grammaticale.

1. Ils envoient Jacques en vacances. ....
2. Elle aperçoit l'enfant dans la rue. ....
3. Nous parlons de notre frère. ....
4. Mes amies l'adorent. ....
5. Son chat déteste sortir. ....

8 ** Entoure les compléments directs et souligne les compléments indirects.

1. Tu as envoyé un message à tes amis.
2. Nous tenons beaucoup à cette maison.
3. Craignez-vous la pluie ?
4. Mes parents m'ont privé de sortie.
5. Le professeur réclame le devoir à l'élève.

Je repère et j'utilise des verbes construits avec deux compléments

9 ** Retrouve la construction des verbes soulignés en donnant l'infinitif.

Ex. Elle achète une voiture au garagiste.
→ acheter qch à qn (= quelque chose à quelqu'un)

1. L'automobiliste demande sa route au piéton.

....

2. Le professeur parle du sujet à la classe.

....

3. Les parents félicitent leurs enfants de leurs notes.

....

10 * Invente une phrase en utilisant les mots entre parenthèses.**

1. (informer qn de qch, les voyageurs, un retard)

....

2. (souhaiter qch à qn, bonne fête, ma grand-mère)

....

3. (s'emparer de qch pour qn, la ville, leur roi)

....

4. (se plaindre de qch à qn, mal de tête, le médecin)

....

J'emploie différentes prépositions

11 a. * Souligne les compléments indirects et encadre la préposition.

1. La nymphe Écho rêvait de Narcisse.
2. Narcisse ne pensait qu'à sa propre image.
3. Les chercheurs discutent de cette découverte.

b. * Écris une phrase avec chaque préposition introduisant un complément indirect.

....

....

....

....

....

J'applique ce que j'ai appris pour écrire

Complète le texte avec ces éléments : *Avancer • une épaisse fumée • un grondement terrible • chaque homme • hurler • le navire • leurs rames • des vagues immenses.*

Souligne les compléments directs et encadre les compléments indirects.

À quelque distance de l'île, j'aperçois ...., je vois .... et j'entends ....
Mes marins épouvantés se débarrassent de .... et se mettent à ....
Le navire ne peut plus ....
Je parcours le navire et je m'adresse à ....

29 Les pronoms compléments

Connaissances et compétences visées

Dans cette leçon, je vais apprendre à :
- ✔ Remplacer des compléments par un pronom
- ✔ Placer correctement les pronoms par rapport au verbe
- ✔ Employer le pronom « en »

J'observe et je manipule

1 a. Dans chaque 1re phrase, entoure le complément qui est repris par le pronom en gras de la 2e phrase.

1. J'entends le bruit d'une porte. **L'**entends-tu ?
2. Sofiane prend sa trousse. Il **la** met dans son sac.
3. Le principal voit les élèves. Il **les** interpelle.
4. La CPE veut voir le père de Paul. Elle **le** convoque.

b. Réécris la phrase en remplaçant le complément direct par le pronom proposé.

1. Ulysse observe Pénélope. (l') ……………
2. Ulysse caresse le chien Argos. (le) ……………
3. Ulysse remercie la servante. (la) ……………
4. Ulysse tue les prétendants. (les) ……………

bilan **Quels sont les pronoms compléments directs ? Où se placent-ils par rapport au verbe ?**

……………

2 Souligne dans la 1re phrase le complément direct repris par les mots en gras de la 2e phrase.

1. Pierre invite beaucoup d'amis. Il **en** a **beaucoup**.
2. Juliette a perdu un stylo. Elle **en** rachètera **un** demain.
3. J'ai encore quelques pièces en poche. Je t'**en** donnerai **quelques-unes**.

bilan **Coche la bonne réponse.**

Si un complément direct indique une quantité (un, une, beaucoup, quelques...), il est repris par
❍ le pronom « en » seul. ❍ le pronom « en » à droite du verbe et la quantité à gauche.

3 Encadre les compléments indirects.

1. Le professeur se souvient de ses élèves. Il se souvient d'eux.
2. L'élève se souvient de ses vacances. Il s'en souvient.
3. Le renard s'empare du fromage. Il s'en empare.
4. La pie s'empare des objets brillants. Elle s'en empare.

bilan **Complète la règle.**

Le pronom qui remplace un complément indirect introduit par la préposition ……… est ……… sauf quand le complément indirect est un nom de ❍ personne. ❍ chose.

4 Choisis entre les pronoms « lui », « leur » ou « y » pour remplacer le complément indirect introduit par la préposition « à » (ou « au/aux »).

1. Le voyageur tend son billet <u>au contrôleur</u>. Le voyageur ……… tend son billet.
2. Le voyageur se rend <u>à Marseille</u>. Le voyageur s'……… rend.
3. Le voyageur envoie un message <u>à ses amis</u>. Le voyageur ……… envoie un message.

Je retiens

1. Le **pronom complément** remplace un nom ou un GN de **même fonction**.
2. Le **pronom complément**, direct ou indirect, **se place à gauche du verbe** (sauf s'il est précédé d'une préposition).
3. Le complément direct employé avec un déterminant indéfini est remplacé par le pronom **en** à gauche du verbe. Un mot indiquant la quantité se place à droite du verbe (un, une, quelques-un(e)s, plusieurs, beaucoup...).
4. Le pronom complément indirect introduit par **de** est remplacé le plus souvent par le pronom **en** sauf pour les personnes (de lui, d'elle, d'eux, d'elles).
5. Le pronom complément indirect introduit par **à** (au, aux) est remplacé par **lui/leur** ou par **y**.
6. Quand le **verbe se construit avec deux compléments**, l'un direct, l'autre indirect, les pronoms se placent dans l'ordre, **direct puis indirect**, à gauche du verbe.

Mon exemple Écris une phrase avec un complément direct et un indirect, puis réécris-la avec des pronoms.

……………

Je m'exerce

Je remplace un complément direct avec un déterminant défini par un pronom

5 * **Utilise le bon pronom pour remplacer le complément en gras.**

1. Vous éteignez **la télévision.** ....
2. Nous regardons **notre programme.** ....
3. Tu critiques **les acteurs de cette série.** ....
4. Ils n'acceptent pas **ce reproche.** ....

6 ** **Utilise le bon pronom pour remplacer le complément en gras.**

1. Cueillez-vous **les roses** ?
....
2. Prends-tu **la route** demain ?
....
3. Entend-il **le rossignol** ? ....

Je remplace un complément direct avec un déterminant indéfini par un pronom

7 ** **Finis la phrase en reprenant le complément souligné par le pronom qui convient.**

1. La tempête a coulé <u>un bateau</u>.
La tempête ....
2. L'ostréiculteur produit <u>des huitres</u>.
L'ostréiculteur ....
3. Ce port possède <u>une digue</u>.
Ce port ....

8 ** **Complète le pronom de la seconde phrase avec l'élément qui convient.**

1. Sur la plage, il y a <u>beaucoup d'oiseaux</u>.
Moi, j'en vois ....
2. Dans l'eau, nagent <u>quelques baigneurs</u>.
Tu en distingues ....
3. <u>Certains enfants</u> font du volley-ball.
Marie en admire ....

Je remplace un complément indirect par un pronom

9 ** **Indique le pronom à mettre à gauche du verbe pour remplacer le GN en gras.**

1. Le voisin ne croit pas **à cette histoire.** ....
2. Le médecin cache la vérité **à son patient.** ....
3. Les phares permettent **aux navires** de se repérer. ....
4. Voulez-vous assister **au concert** ? ....
5. La vendeuse sourit **à la cliente.** ....

10 ** **Mets le pronom qui convient pour remplacer le GN entre parenthèses.**

1. La Belle n'.......... a plus peur. (de l'orage)
2. Elle .... a besoin. (de compagnie)
3. Elle n'.......... a pas envie. (de friandises)
4. .... a-t-elle pensé ? (à sa maison)
5. Elle .... a promis. (à son amie)

Je sais utiliser les pronoms pour comprendre

11 *** **Associe la phrase impérative à la situation qui lui correspond en t'aidant des pronoms.**

Propose-la-lui. •
Rendez-les-leur. •
Prête-lui-en une. •

• Ton frère a besoin d'une serviette.
• Le chat convoite la tasse de lait.
• Vous avez pris les clés de vos parents.

12 *** **De quoi parle-t-on ?**

Quelqu'un crie « Rends-la-moi ! ». L'enquêteur a devant lui des objets sortis d'une trousse : un stylo-plume, un taille-crayon, un stylo feutre vert et un élastique.

Quel objet a été pris ? ....
....

J'applique ce que j'ai appris pour écrire

Fais dialoguer deux personnages parlant d'un troisième absent. Utilise des pronoms compléments qui permettent de les identifier dans leurs propos. Entoure ces pronoms.

....
....
....
....
....
....
....
....

30 L'attribut du sujet

Connaissances et compétences visées

Dans cette leçon, je vais apprendre à :

- ✔ Identifier la classe grammaticale et la place de l'attribut du sujet
- ✔ Utiliser des verbes attributifs
- ✔ Effectuer les accords nécessaires

J'observe et je manipule

1 a. Dans ce texte, les attributs du sujet ont été supprimés. Comprends-tu bien le texte ?

....

....

> Atalante demeurait .... à la course. À chaque épreuve, les autres concurrents étaient trop .... Atalante était .... par sa vitesse mais aussi par sa beauté. Ses nombreux adversaires semblaient .... par son charme. Mais un jour, Atalante devint .... à son tour.

b. Remets les attributs du sujet à la place qui convient. Comprends-tu mieux le texte ?

amoureuse • possédés • invincible • lents • remarquable

....

....

bilan Complète la règle avec l'un des deux adjectifs : essentiel/inutile.

L'attribut du sujet est .... à la compréhension d'un texte.

2 a. Donne l'emplacement de l'attribut du sujet en gras.

1. Charybde est **un monstre marin**.
2. Scylla est aussi **monstrueuse**.
3. Ce marin n'est pas **Ulysse**.
4. **Quel navigateur extraordinaire** il est devenu !
5. **Quelle** est sa destination ?

L'attribut du sujet est à droite du verbe dans les phrases .... Il est à gauche dans les phrases ....

b. Entoure les verbes qui peuvent remplacer « est » dans la phrase 2. *rester • courir • attraper • avoir l'air • sembler • découvrir • paraitre • manger*

c. Indique la classe ou nature grammaticale des cinq attributs du sujet en gras.

Adjectif : phrase .... Nom propre : phrase ....

Nom ou GN : phrases .... Pronom : phrase ....

bilan Coche la bonne réponse.

L'attribut du sujet se place à droite du verbe dans les phrases :

❍ interrogatives. ❍ déclaratives.

Pour avoir un attribut du sujet, la phrase peut comporter :

❍ n'importe quel verbe.

❍ le verbe « être » ou ses équivalents.

3 Remplace le pronom attribut de la deuxième partie de la phrase par le mot souligné.

1. Le cycliste est <u>pressé</u>, le piéton **l'**est aussi. ....
2. Le cycliste est <u>un touriste</u>, le piéton **en** est **un** aussi. ....

bilan Quand il est répété dans deux phrases successives, on peut remplacer l'attribut du sujet par ....

Je retiens

1. L'attribut du sujet est un **complément essentiel** du verbe : si on le supprime, la phrase n'a plus de sens.
2. L'attribut se place en général à **droite d'un verbe attributif** (= verbe d'état). Dans les phrases **interrogatives**, il se trouve à **gauche**.
3. Les principaux verbes attributifs sont : **être**, **devenir**, **rester**, **demeurer**, **sembler**, **paraitre**, **passer pour**, **avoir l'air**.
4. L'attribut peut être un **adjectif**, accordé en genre et en nombre avec le sujet, ou un **nom** (ou GN).
5. Un pronom peut être attribut du sujet : *le* (*l'*) ou *en* ... un-e.

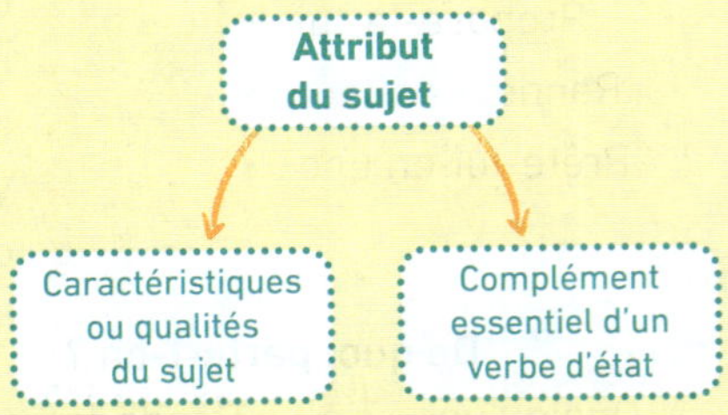

Mon exemple Fais une phrase où tu qualifieras un personnage ou un héros avec des attributs du sujet.

....

Je m'exerce

J'identifie la classe grammaticale de l'attribut du sujet

5 * **Indique la classe grammaticale de l'attribut du sujet souligné.**

1. Ce scientifique passe pour un grand génie. ....
2. Ses résultats semblent inexacts. ....
3. Ton ami s'appelle Tom. ....
4. Mon portable est déchargé, le tien l'est aussi. ....

6 ** **Complète la phrase avec un attribut du sujet de la classe grammaticale demandée.**

1. Cette voiture a l'air .... (adjectif)
2. Son constructeur est .... (nom propre)
3. Sur ce circuit, son pilote deviendra .... (nom ou GN)

Je sais repérer la place de l'attribut du sujet

7 * **Souligne l'attribut du sujet.**

1. Le petit Poucet est un enfant intelligent et rusé.
2. Son père passe pour un bucheron travailleur.
3. Quelle est la méthode utilisée pour retrouver son chemin ?
4. L'ogre, qui est un monstre, veut le dévorer.

8 ** **Remets les mots dans l'ordre pour faire des phrases avec un attribut du sujet.**

1. Amina • classe • de • déléguée • élue • est • .
....
2. grand • jour • médecin • quel • seras • tu • un • !
....

J'utilise des verbes attributifs

9 ** **Utilise ces verbes à l'imparfait.**

se nommer • rester • passer pour • demeurer

1. Les enfants .... introuvables.
2. Cet écrivain .... un original.
3. Cette maison .... inoccupée.
4. Cette fillette .... Adèle.
5. L'assistance .... silencieuse.
6. Pauline et son frère .... confiants.

10 *** **Utilise ces verbes au passé composé.**

avoir l'air • devenir • paraitre • sembler

1. Tes invités .... gênés par ton attitude.
2. Tu .... indifférente à leur gêne.
3. Tes parents .... inquiets de cet incident.
4. Leurs meilleurs amis .... distants.
5. Son amie .... surprise.
6. Son bulletin .... meilleur.

Je sais accorder l'attribut du sujet

11 ** **Choisis l'adjectif qui convient pour compléter chaque phrase. Pense à bien l'accorder.**

bref • meilleur • muet • rapide

1. Les témoins deviendront ....
2. Ces avions restent les plus ....
3. Ses notes paraissent ....
4. Ta réponse est bien trop ....

12 *** **Invente le sujet qui convient à chaque attribut du sujet. Plusieurs réponses sont possibles. Pense à respecter les accords.**

1. .... demeurèrent stupéfaites.
2. .... est furieuse.
3. .... passe pour un bon médecin.

J'applique ce que j'ai appris pour écrire

Décris des chaussures magiques en utilisant ces GN pour sujets : les chaussures • la paire de chaussures • les souliers. **Utilise au moins trois attributs du sujet correctement accordés et emploie une seule fois le verbe « être ».**

....
....
....
....
....
....
....
....

J'évalue mes acquis Construire des groupes verbaux

As-tu bien compris les leçons sur les compléments du verbe ? Vérifie en lisant cet extrait et en répondant aux questions d'un groupe.

Le Petit Prince

Le narrateur a dessiné un mouton pour le petit prince qui craint que l'animal ne mange sa fleur chérie sur sa planète.

[Le petit prince] rougit, puis reprit :

– Si quelqu'un **aime** une fleur qui n'existe qu'à un exemplaire dans les millions et les millions d'étoiles, ça suffit pour qu'il **soit** heureux quand il la **regarde**. Il se dit : « Ma fleur est quelque part... » Mais si le mouton mange la fleur, c'est pour lui comme si, brusquement, toutes les étoiles s'éteignaient ! Et ce n'est pas important ça !

Il ne put rien dire de plus. Il éclata brusquement en sanglots. La nuit était tombée. J'avais lâché mes outils. Je me **moquais** bien de mon marteau, de mon boulon, de la soif et de la mort. Il y avait, sur une étoile, une planète, la mienne, la Terre, un petit prince à consoler ! Je le pris dans les bras. Je le berçai. Je lui disais : « La fleur que tu aimes n'est pas en danger... Je lui dessinerai une muselière, à ton mouton. Je te dessinerai une armure pour ta fleur. Je... » Je ne savais pas trop quoi dire. Je me sentais très maladroit.

Antoine de Saint-Exupéry, *Le Petit Prince*, chapitre VII, © Gallimard, 1946.

Groupe 1

Je repère

1. Relève un complément essentiel pour chaque verbe en gras. Indique sa fonction : complément direct, indirect ou attribut du sujet.

1. aime : ....
2. soit : ....
3. regarde : ....
4. moquais : ....

2. Entoure le complément direct et encadre le complément indirect.
« Je lui dessinerai une muselière à ton mouton. »

3. Quel nom remplace le pronom « lui » **?**
« Je lui disais » (l. 16). ....

Je manipule

4 Réécris la phrase en remplaçant le GN souligné par le pronom complément indirect « en »**.**
« Je me moquais bien de mon marteau... ».

....

5. Réécris la phrase en remplaçant « Je » **par** « Nous »**.** « Je me sentais très maladroit. »

....

6. Quel pronom peut remplacer le complément souligné ? « J'avais lâché mes outils. » ....

J'écris

7. Imagine une suite (l. 18-19) **avec deux autres objets que le narrateur va dessiner et précise à qui ils sont destinés. Les objets seront les compléments directs, les destinataires les compléments indirects de tes nouveaux verbes. Mots possibles :** arrosoir, paravent, aspirateur, rose, volcan...

Groupe 1, 2 ou 3 : *je rédige en respectant la consigne 7*

Groupe 2

Je repère

1. a. Quels verbes en gras ont des compléments directs ? ……………………

b. Un des verbes en gras possède plusieurs compléments indirects. Combien en tout ? ……………………

c. Avec quel mot s'accorde l'attribut qui suit un verbe en gras (l. 4) ? ……………………

2. Souligne les compléments du verbe de cette phrase. « Je lui dessinerai une muselière... »
Indique leur classe ou leur nature et leur fonction.

……………………

……………………

3. Réécris la phrase en remplaçant le pronom « lui » **par le nom de celui qu'il désigne.**
« Je lui disais » (l. 16). ……………………

Je manipule

4. Réécris la phrase en remplaçant le complément indirect par le pronom indirect « en ».
« Je me moquais bien de mon marteau... ».

……………………

5. Réécris la phrase en remplaçant « Je » **par** « Elles »**.** « Je me sentais très maladroit. »

……………………

6. Quelle est la fonction du complément souligné ?
« J'avais lâché <u>mes outils</u>. »

……………………

Par quel pronom peut-il être remplacé ? ……………………

J'écris

7. Imagine une suite (l. 18-19) **avec trois autres objets que le narrateur va dessiner et précise à qui ils sont destinés. Les objets seront les compléments directs, les destinataires les compléments indirects de tes nouveaux verbes.**

Groupe 3

Je repère

1. a. Relève un verbe qui n'est pas en gras et son complément (précise s'il est direct ou indirect).

……………………

b. Relève un attribut du sujet qualifiant l'état d'esprit du narrateur. ……………………

2. a. Entoure les compléments de même fonction.
« Je lui dessinerai une muselière, à ton mouton... »

b. Précise si ce sont des compléments directs ou indirects.

……………………

3. Identifie les personnages qui correspondent à chaque pronom. « Je lui disais » (l. 16).

……………………

Je manipule

4. Remplace le complément indirect par le pronom voulu. « Je me moquais bien de mon marteau... ».

……………………

5. Réécris la phrase en remplaçant « Je » **par** « Elles » **et utilise un synonyme pour remplacer l'attribut du sujet.**
« Je me sentais très maladroit. »

……………………

6. Réécris la phrase en remplaçant le complément souligné par un pronom de même fonction. Accorde le participe passé.
« J'avais lâché <u>mes outils</u>. » ……………………

J'écris

7. Imagine une suite (l. 18-19) **avec quatre autres objets dessinés par le narrateur et précise leur destinataire. Souligne, dans ton texte, les compléments directs et les compléments indirects de deux couleurs différentes.**

Compétences évaluées J'évalue mes acquis en complétant chaque smiley.	🙂 😐 ☹️
1. J'ai distingué compléments directs et indirects.	
2. J'ai su repérer l'attribut du sujet.	
3. J'ai utilisé les bons pronoms.	
4. J'ai effectué les accords nécessaires.	

Ce que je sais déjà faire

La phrase

• Dans cette double page, tu vas pouvoir **réviser** ce que tu as appris en primaire afin de **te préparer** aux leçons qui vont suivre.
• **Lorsque tu en as besoin**, tu peux consulter la *Boîte à outils* et cocher au fur et à mesure les outils que tu as utilisés.

Le soir, la maman de Paul demande si Paul a fait ses devoirs.
– Oui, répond Paul.
– Et qu'est-ce que tu as fait d'autre ? demande la maman de Paul.
– **Oh,** répond Paul, **je suis allé entraînement foot. Ensuite nous sommes allés marchand de glaces.**
La maman de Paul fixe Paul avec de grands yeux, mais elle ne dit rien. Elle pense que Paul a sans doute encore inventé un nouveau jeu. À propos de la pluie qu'il a reçue le matin même, Paul raconte :
– **Pluie s'écrasait tramway, comme des vagues aussi hautes que maison.**
La maman de Paul l'interrompt :
– Tu ne vas quand même pas me raconter que le tramway a été écrasé par la pluie !
– Mais, je n'ai jamais dit ça ! rétorque Paul.
C'est à l'école que les choses se gâtent vraiment.

H. J. Schädlich, *Le Coupeur de mots*,
© Castor poche, 2011.

Ce que je peux savoir avant de lire l'extrait

Observe la disposition et la ponctuation du texte et coche la bonne réponse.
Ce texte est :
❍ une recette.
❍ un dialogue.
❍ un poème.

Je vérifie ma compréhension de l'extrait

a. **Qui sont les personnages de l'extrait ?**

....

b. **Pour quelle raison la discussion entre les personnages ne se passe-t-elle pas bien ?**
Coche la bonne réponse.
❍ La mère ne veut pas parler à son fils.
❍ Le fils ne comprend pas ce que dit sa mère.
❍ La mère ne comprend pas ce que dit son fils.

I Je sais identifier une phrase et ses caractéristiques

a. **Pour quelle raison la mère de Paul ne comprend-elle pas ce que dit son fils ?**

....

b. **Quelle(s) règle(s) les ensembles de mots en gras ne respectent-ils pas pour être des phrases ?**

....

....

....

c. **Quelles sortes de mots manque-t-il ?**

....

....

d. **Réécris ce que dit Paul (l. 11-12) afin de former une phrase.**

....

....

e. **Souligne la phrase où la mère de Paul l'interroge sur ses activités. Encadre l'élément qui t'a permis de l'identifier.**

f. **Sur quel ton Paul prononce-t-il sa phrase ligne 16 ? Encadre l'élément qui t'a permis de répondre.**

....

....

Boîte à outils 1

Compétences réactivées

Dans cet atelier, je vérifie que je sais :

✔ Retrouver les caractéristiques d'une phrase
✔ Distinguer la phrase minimale et la phrase étendue
✔ Comprendre le sens des éléments de la phrase

2 Je distingue la phrase minimale et la phrase étendue

Voici deux phrases du texte découpées en groupes de mots.

1. La maman de Paul / fixe Paul / avec de grands yeux. /
2. Le soir / la maman de Paul / demande si Paul a fait ses devoirs. /

a. Barre les groupes de mots que tu peux supprimer sans que ces phrases deviennent incorrectes.

La maman de Paul fixe Paul avec de grands yeux.
Le soir, la maman de Paul demande si Paul a fait ses devoirs.

b. Réécris la phrase en y ajoutant au moins deux groupes de mots de cette liste : *soudain • avec brusquerie • au milieu de sa phrase • d'une voix sourde.*

« La maman de Paul l'interrompt. »

....

....

c. Quelles nouvelles informations as-tu apportées ? ....

....

Boite à outils 2

3 Je comprends le sens des éléments de la phrase minimale

a. Relie les groupes de mots pour former des phrases correctes. Comment as-tu procédé ?

1. La pluie •	• est très étonnée par les paroles de son fils.
2. La mère •	• sont très étranges.
3. Les paroles du garçon •	• inonde la rue.

....

b. Quel mot contiennent tous les groupes de mots de la colonne de droite ?

....

c. Complète le tableau à l'aide des phrases formées à la question a.

	De qui/quoi parle-t-on ?	Ce qu'on en dit
Phrase 1		
Phrase 2		
Phrase 3		

Boite à outils 3

Boite à outils

❍ **1** Une phrase est une suite de mots qui a un sens. Elle commence par une majuscule et se termine par un signe de ponctuation forte. Elle respecte les règles de grammaire.

❍ **2** La phrase minimale contient un sujet et un groupe verbal qui ne peuvent pas être supprimés. On peut étendre une phrase avec des groupes de mots facultatifs pour donner des informations sur les circonstances (temps, lieu...).

❍ **3** Le sujet et le verbe associés créent le sens de la phrase. Le verbe s'accorde avec le sujet.

31 La phrase, verbale et non verbale

Connaissances et compétences visées

Dans cette leçon, je vais apprendre à :

✔ Connaitre les caractéristiques d'une phrase

✔ Distinguer la phrase verbale de la phrase non verbale

J'observe et je manipule

1 a. Souligne les suites de mots qui sont des phrases, selon toi.

1. on pense que les textes 2 et 3 sont des poèmes,
2. Adori glapudait sas libretans.
3. Écoute.
4. Nid dans pie fait peuplier une son le.
5. Chaque cuillère, Criplet emmenait ses soupières.
6. Combien voulez-vous de sucres ?

b. Classe les suites de mots que tu n'as pas soulignées en indiquant leur numéro dans le tableau.

Ordre des mots incorrect	Absence de sens	Mots qui n'existent pas	Absence de ponctuation et de majuscule

bilan **À quelles conditions une suite de mots est-elle une phrase ? Aide-toi du tableau pour répondre.**

....

....

2 Voici des phrases correctes.

1. Sortez !
2. Paf !
3. Oui.
4. Défense d'entrer.
5. Une bijouterie a été cambriolée hier.
6. Victoire de l'équipe de France.

Phrases avec un verbe conjugué	Phrases sans verbe conjugué

a. Souligne les verbes conjugués de ces phrases correctes. Que remarques-tu ?

....

b. Classe les phrases en indiquant leur numéro dans le tableau.

bilan **Une phrase avec un verbe conjugué est** ❍ une phrase non verbale. ❍ une phrase verbale.

3 a. Relie chaque phrase non verbale à gauche à la phrase verbale de même sens à droite.

1. Tenir la rampe. •	• Je me suis cogné.
2. Ouille ! •	• Il faut se tenir à la rampe.
3. Ingrédients : 500 g de farine, 10 g de levain. •	• Le champion d'Europe a perdu sa dernière course.
4. Défaite du champion d'Europe. •	• Utilisez ces ingrédients : 500 g de farine, 10 g de levain.

b. Dans quel type de texte pourrais-tu trouver ces phrases non verbales ?

Un dialogue : n° .... • Un journal : n° .... • Une recette : n° .... • Un panneau : n° ....

bilan **Coche les bonnes réponses. Une phrase non verbale peut se construire autour**

☐ d'un nom. ☐ d'un verbe à l'infinitif. ☐ d'un verbe conjugué. ☐ d'un mot qui exprime une émotion, un bruit.

Je retiens

1. Une **phrase** est un ensemble de mots **ayant un sens**.
Elle respecte les **règles de grammaire**, commence par une **majuscule** et se termine par un signe de **ponctuation forte** : . ! ? …

2. La **phrase verbale** s'organise autour d'un verbe conjugué.

3. La **phrase non verbale** s'organise autour d'un nom, d'un verbe à l'infinitif, d'une interjection ou d'un adverbe.
Elle est plus fréquente à l'oral.

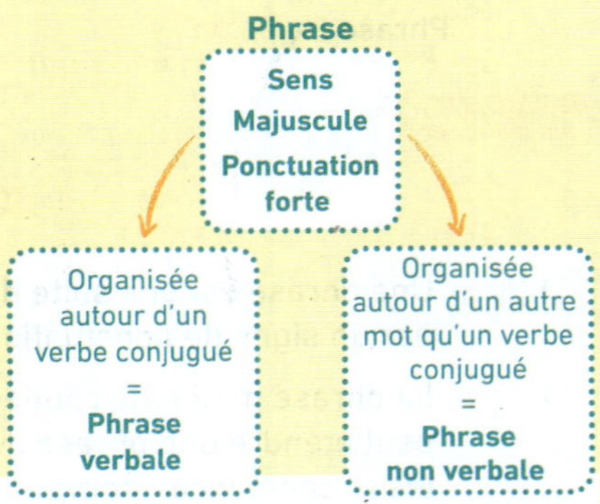

Mon exemple Rédige une phrase non verbale.

....

Je m'exerce

J'identifie les phrases, verbales et non verbales

4 * **Souligne les phrases correctes.**

Le soir, à table, Paul veut à tout prix parler du cirque à ses parents.
– Merveilleux être dressage, dit-il. Un tigre sauter à travers un cerceau enflammé. Un éléphant asseoir grand tabouret.
Les parents de Paul sont profondément affligés d'entendre Paul parler ainsi.

H. J. Schädlich, *Le Coupeur de mots*, © Castor poche, 2011.

5 ** ORTHO **L'ordre des mots et la ponctuation sont incorrects. Corrige-les pour faire des phrases.**

1. affronte Bilbo dragon pendant son un voyage ....
2. pourquoi un magicien rend-il visite au Hobbit ? ....
3. Le récit de son voyage décida d'écrire Bilbo ....
4. dans une araignée guette la horrible forêt Bilbo ! ....

6 * **Relie chaque phrase verbale à la phrase non verbale de même sens.**

Les bijoux ont été dérobés cette nuit. •	• Silence !
Il pleut des cordes. •	• Vol des bijoux la nuit dernière.
Comment va ton frère ? •	• Quelle pluie !
Taisez-vous ! •	• Et la santé de ton frère ?

7 ** **Souligne les phrases non verbales.**

Quelle beauté ! • Succès de l'équipe de basket. • Le facteur passe vers 10 heures. • Non. • Il la trouva inquiétante. • Prière de ne pas déranger. • Quand partez-vous ? • Viens.

Je transforme des phrases

8 ** **Transforme ces phrases non verbales en phrases verbales.**

1. Découverte d'un squelette préhistorique.
....
2. Déluge de grêle hier : les récoltes détruites.
....
3. Atterrissage en catastrophe d'un avion.
....
4. Hausse des prix du blé.
....

J'écris des phrases verbales ORTHO

9 *** **Réécris ce dialogue de manière à ce qu'il ne contienne que des phrases verbales.**

Sganarelle. – Hé bien ! Mademoiselle, vous êtes malade ?
Lucile. – Oui, Monsieur.
Sganarelle. – Tant pis ! C'est une marque que vous ne vous portez pas bien.

Molière, *Le Médecin volant*, 1645.

....
....
....
....
....
....
....

J'applique ce que j'ai appris pour écrire

Voici la « une » d'un journal. Écris un article avec des phrases verbales correspondant à cette « une ».

LA DÉCOUVERTE INCROYABLE D'ARCHIBALD RUTHMORE
Les géants, des personnages de conte ?
Non ! Une réalité.
Récit complet du voyage au pays des géants.

....
....
....
....
....
....
....
....
....

32 La phrase verbale minimale

Connaissances et compétences visées

Dans cette leçon, je vais apprendre à :
- ✔ Repérer une phrase verbale minimale
- ✔ Identifier le sujet et le groupe verbal
- ✔ Construire des phrases minimales

J'observe et je manipule

1 À la fin de l'après-midi du 29 septembre 1759, le ciel noircit tout à coup dans la région de l'archipel de Juan Fernandez, à six cents kilomètres environ au large des côtes du Chili. L'équipage de *La Virginie* se rassembla sur le pont […] Heureusement, *La Virginie* sur laquelle voyageait Robinson n'avait rien à craindre, même de la plus forte tempête.

M. Tournier, *Vendredi ou la vie sauvage*, © Flammarion, 1971.

a. Encadre les mots ou GN qui indiquent de quoi parle le texte (les sujets).

b. Souligne en rouge ce qui est dit sur chaque sujet.

c. Barre les autres mots qui ne sont pas indispensables pour que la phrase garde un sens et reste correcte.

bilan Quels groupes de mots une phrase réduite contient-elle toujours ?

....

....

2 Relie le sujet proposé aux mots ou groupes de mots pour faire des phrases correctes.

Phileas Fogg •

- • était joueur.
- • et ses moyens de transport.
- • gagna.
- • souvent.
- • accomplit un tour du monde.

bilan Quel est le point commun des groupes de mots que tu as choisis ?

....

3 a. Pour chaque phrase, souligne le GN que tu peux encadrer par « c'est… qui » **ou** « ce sont… qui ».

Ex. *Les garçons virent la maison.* → ***Ce sont*** *les garçons* ***qui*** *virent la maison.*

1. Le marquis de Carabas, inventé par le chat botté, est en réalité un fils de meunier.
2. Le père et la mère ont décidé de perdre leurs enfants.
3. Au fond d'une profonde forêt, se trouve la maison de la sorcière.

b. Quels groupes de mots peuvent devenir le sujet du groupe verbal encadré ?

Nettoyer les écuries • Vainquons • C'(cela) • Maintenant • La capture d'un taureau •

est l'une des épreuves d'Hercule.

bilan Quelle est la classe grammaticale de chacun des groupes de mots sujets que tu as choisis ?

❒ verbe à l'infinitif ❒ verbe conjugué ❒ pronom ❒ adverbe ❒ GN

Je retiens

1. **La phrase verbale minimale** est obligatoirement constituée d'un **sujet** (de quoi on parle) et d'un **prédicat** (ce qu'on en dit) qui est le plus souvent le **groupe verbal**.
2. **Le sujet** peut être encadré par **« c'est… qui »**. Il peut être un nom (propre ou commun), un groupe nominal, un pronom ou un verbe à l'infinitif. Le sujet se place le plus souvent devant le groupe verbal.
3. **Le groupe verbal** contient un **verbe conjugué** qui peut avoir des compléments essentiels. Il donne une information sur le sujet.

Le sujet et le groupe verbal associés créent le sens de la phrase.

Sujet + **GV** (verbe ou groupe verbal contenant un verbe conjugué) = **phrase minimale**

Mon exemple Rédige une phrase minimale.

....

Je m'exerce

J'identifie la phrase minimale, le groupe sujet et le groupe verbal

4 * **Barre les groupes de mots que tu peux supprimer pour obtenir une phrase minimale.**

1. Depuis l'arrivée de l'hiver, | Renart | se demande | chaque jour | comment trouver à manger.
2. Heureusement pour lui | le coq | réussit | tant bien que mal | à se libérer.
3. Pathelin | , avec la complicité de sa femme, | trompa le drapier | en faisant semblant d'être malade.

5 **a.** * **Souligne les phrases minimales.**

1. Le vent souffle.
2. La mer en furie déchire les voiles du bateau.
3. Résistera-t-il ?
4. Poséidon a déchainé une tempête pour empêcher Ulysse de rentrer chez lui.
5. Ulysse agit rapidement.
6. Il a réussi !

b. ** **Barre les groupes de mots facultatifs dans les autres phrases.**

6 * **Surligne le groupe verbal de chaque phrase.**

1. Après un long voyage | Archibald | découvrit le pays des géants.
2. L'explorateur, | après toutes ses aventures, | devint marin.
3. À qui pourrait appartenir | cette dent gigantesque ?

7 ** **Souligne chaque sujet et indique sa classe grammaticale.**

1. Pendant la bataille, le guerrier Patrocle combat vaillamment à la place d'Achille. ....
2. Cela avait été prévu depuis longtemps. ....
3. La nuit, en secret, les Grecs introduisent un immense cheval dans la cité. ....
4. Poussé par la soif de vengeance, Achille a vaincu Hector.

....

J'associe sujet et groupe verbal

8 * **ORTHO** **Relie les sujets et les groupes verbaux pour former des phrases correctes.**

1. Un meunier •	• avait deux fils.
2. Dormir •	• êtes le plus bel habitant des bois.
3. Vous •	• mangeait.
4. Il •	• est le passe-temps favori de Tom Sawyer.

9 ** **Remplace le sujet par un autre de la classe grammaticale demandée, sans modifier le verbe.**

1. Courir est bénéfique pour la santé. *(GN)* → ....
2. Chaque été, elles allaient à la mer. *(GN)* → ....
3. Les garçons traversent la forêt. *(noms propres)* → ....
4. Une bonne nuit de sommeil permet de bien commencer la journée. *(verbe à l'infinitif)* → ....

J'écris des phrases minimales

10 ** **Ajoute un groupe verbal à chaque sujet pour former une phrase minimale cohérente.**

1. Le professeur de mathématiques ....
....
2. Des coccinelles ....
3. Danser .... !
4. Le jour où les marins furent sauvés ....
....
5. .... -tu ?

J'applique ce que j'ai appris pour écrire

Invente une phrase minimale construite avec chaque verbe conjugué au temps que tu souhaites, en respectant la ponctuation.

manger ! • donner. • dormir. • apercevoir ?

....

....

....

....

....

33 Les formes de phrase

Connaissances et compétences visées

Dans cette leçon, je vais apprendre à :
- ✔ Identifier la forme d'une phrase
- ✔ Comprendre le sens des négations
- ✔ Utiliser les différentes négations

J'observe et je manipule

1 a. Surligne les phrases dans lesquelles Lucile dit qu'elle refuse de se marier.

b. Encadre les mots qui lui permettent de s'opposer à son père. Où sont-ils situés par rapport aux verbes conjugués en gras ?

....

bilan À quoi sert une phrase négative ?

....

....

....

MONSIEUR JOURDAIN – […] Voilà le mari que je vous donne. […]
LUCILE – Je ne **veux** point me marier.
MONSIEUR JOURDAIN – Je le veux, moi qui suis votre père.
LUCILE – Je n'en **ferai** rien.
MONSIEUR JOURDAIN – Ah ! que de bruit ! Allons, vous dis-je. Çà, votre main.
LUCILE – Non, mon père, je vous l'ai dit, il n'**est** point de pouvoir qui me puisse obliger à prendre un autre mari que Cléonte ; et je me résoudrai plutôt à toutes les extrémités, que de…

Molière, *Le Bourgeois gentilhomme*, Acte V, scène 5, 1670.

2 Relie chaque phrase négative à son sens.

Phrases négatives	Sens
1. Hercule n'a que sa force. •	• Hercule avait de l'espoir avant mais c'est fini à présent.
2. Hercule n'a plus d'espoir. •	• Hercule n'a pas beaucoup d'espoir.
3. Hercule n'a guère d'espoir. •	• Hercule est toujours fort.
4. Hercule n'est jamais faible. •	• Hercule n'a qu'un seul atout : sa force.

bilan À l'aide des phrases ci-dessus, écris quatre négations.

....

3 a. Transforme les phrases négatives en phrases affirmatives de sens contraire.

1. Personne n'est venu. ....

2. On n'a rien vu. ....

3. Il n'y avait ni voix ni musique. ....

4. Aucune lumière ne s'est allumée. ....

b. Surligne les mots de négation que tu as enlevés. Souligne les mots que tu as modifiés.

Je retiens

1. Une phrase peut être à la **forme affirmative** ou à la **forme négative**.
2. La **phrase affirmative** permet de dire la réalité, l'existence d'un fait. Elle n'a pas de marque particulière.
3. La **phrase négative** s'utilise quand on veut **nier** ou **contredire** un fait.
4. Tous les types de phrase peuvent se mettre à la forme négative.
5. Les négations ont des sens différents :
   – **ne … que** est une restriction ;
   – **ne … guère** est une négation partielle (pas beaucoup) ;
   – **ne … plus** signifie la fin d'une action ;
   – **ne … jamais** est une négation de temps ;
   – **ni … ni** relie plusieurs éléments niés.

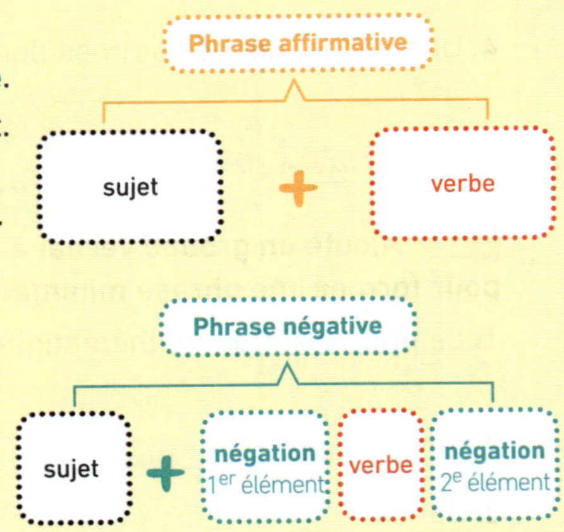

Mes exemples Rédige deux phrases avec deux types de négation différents.

1. ....

2. ....

Je m'exerce

J'identifie la forme des phrases et je comprends le sens des négations

4 * **Surligne les phrases affirmatives.**

Pourquoi personne n'est venu ? • La pluie cessera-t-elle bientôt ? • Que personne ne bouge ! • Les élèves n'ont guère aimé cette pièce de théâtre. • Je déteste attendre. • Ne viendra-t-elle pas ?

5 * **Relie chaque phrase affirmative et la phrase négative de sens exactement contraire.**

1. J'ai encore des pommes. •
2. J'ai beaucoup de pommes. •
3. J'ai des pommes. •
4. J'ai des pommes et des poires. •
5. J'ai toutes les pommes. •

• Je n'ai pas de pommes.
• Je n'ai plus de pommes.
• Je n'ai ni pommes ni poires.
• Je n'ai aucune pomme.
• Je n'ai guère de pommes.

6 * **Associe les phrases affirmatives à la négation de sens contraire. Il y a une intruse !**

ne… guère • personne ne… • ne… plus • ne… rien

1. Tout le monde m'aime ! ....
2. Ces enfants manquent de tout. ....
3. Nous aimons beaucoup nos voisins. ....

7 ** **Surligne les phrases négatives de ce texte et encadre les négations.**

SGANARELLE – Médecin vous-même : je ne le suis point, et ne l'ai jamais été. […]
VALÈRE (*Haut*) – Monsieur, ne veuillez point nier les choses davantage : et n'en venons point, s'il vous plaît, à de fâcheuses extrémités.

Molière, *Le Médecin malgré lui*, 1666.

J'utilise la négation

8 ** **Réécris chaque phrase pour exprimer son contraire à l'aide de négations.**

1. Cécile veut tout savoir. ....
2. Tout le monde adore cet acteur. ....
3. Le printemps est déjà arrivé dans nos régions. ....
4. Julie porte toujours son short bleu et blanc. ....

9 *** **Réécris chaque phrase à la forme affirmative si elle est à la forme négative et inversement.**

1. Rayan apprécie les peintures et les sculptures.
....
2. Les élèves de la classe font beaucoup de sport.
....
3. Aucun navire n'a encore chaviré.
....
4. Ne prends jamais de carottes au marché !
....

Je distingue liaison et négation

10 ** ORTHO **Complète avec la bonne forme.**

on • on n' • on ne

1. .... est pas sérieux quand .... a dix-sept ans. **A. Rimbaud**
2. .... oublie tout, ... oublie rien.
3. .... trouve guère de produits frais ici !
4. .... ira tous au paradis.
5. Plus .... est de fous, plus .... rit.
6. .... est plus heureux quand .... triche pas.
7. Avec ce train, ... arrive jamais à l'heure.
8. .... obtient davantage quand .... sourit.

J'applique ce que j'ai appris pour écrire

Poursuis ce dialogue. M. Jourdain emploiera deux phrases affirmatives, Mme Jourdain deux phrases négatives.

Monsieur Jourdain – Écoutez-le.
Madame Jourdain – Non, je ne veux pas l'écouter.
Monsieur Jourdain – Il vous dira…

....

....

....

....

....

....

34 Les types de phrase

Connaissances et compétences visées

Dans cette leçon, je vais apprendre à :
- ✔ Reconnaître les quatre types de phrase
- ✔ Transformer une phrase en un autre type
- ✔ Reconnaître et utiliser les trois manières de poser une question

J'observe et je manipule

1 a. Repère chaque phrase en notant la ligne du texte.

Phrase 1 : ligne ......
Phrase 2 : ligne ......
Phrase 3 : ligne ......
Phrase 4 : ligne ......
Phrase 5 : ligne ......
Phrase 6 : ligne ......
Phrase 7 : ligne ......
Phrase 8 : ligne ......

Léandre est très en colère contre son valet Scapin car il pense qu'il l'a trahi.

LÉANDRE. – Parle donc.
SCAPIN. – Je vous ai fait quelque chose, Monsieur ?
LÉANDRE. – Oui, coquin, et ta conscience ne te dit que trop ce que c'est.
SCAPIN. – Je vous assure que je l'ignore.
LÉANDRE (*s'avançant pour le frapper*). – Tu l'ignores !
OCTAVE (*le retenant*). – Léandre !
SCAPIN. – Eh bien ! Monsieur, puisque vous le voulez, je vous confesse que j'ai bu avec mes amis ce petit quartaut de vin d'Espagne dont on vous fit présent il y a quelques jours.

Molière, *Les Fourberies de Scapin*, Acte II, scène 3, 1662.

b. Classe les phrases du texte dans le tableau.

bilan **Nomme le signe de ponctuation utilisé.**

	Phrases du texte	Signe de ponctuation
Phrase apportant une information		
Phrase posant une question		
Phrase exprimant un sentiment fort		
Phrase donnant un ordre		

2 Indique à quel schéma correspond chaque question.

1. Est-ce que tu m'as pris mon tonneau ? ......
2. Tu m'as pris mon tonneau ? ......
3. Pourquoi m'as-tu pris mon tonneau ? ......
4. Vous ai-je fait quelque chose, Monsieur ? ......
5. Je vous ai fait quelque chose, Monsieur ? ......
6. Est-ce que je vous ai fait quelque chose, Monsieur ? ......

① *verbe* + *sujet* + ? ou *Mot interrogatif* + *verbe* + *sujet* + ?

② *est-ce que* + *sujet* + *verbe* + ?

③ *sujet* + *verbe* + ?

bilan **Combien y a-t-il de manières d'organiser les mots pour poser une question ?**

....

Je retiens

Il existe quatre types de phrase :
– La phrase **déclarative** apporte une information. (.) (...)
– La phrase **exclamative** exprime un sentiment fort. (!)
– La phrase **injonctive** donne un ordre, exprime une défense, un souhait. Elle peut être prononcée avec calme ou énervement. (!)
– La phrase **interrogative** pose une question. (?)

On pose la question différemment suivant le **niveau de langue employé**.

Niveau de langue **courant**
Est-ce que + sujet + verbe + ?

Niveau de langue **familier**
Sujet + verbe + ?

Niveau de langue **soutenu**
Verbe + sujet + ?

Mes exemples Transforme cette phrase déclarative (1) en phrase injonctive (2), exclamative (3), interrogative (4).

1. *Tu dors.*
2. ....
3. ....
4. ....

Je m'exerce

J'identifie les types de phrase

3 a. * **Lis les phrases et ajoute le point manquant.**

1. Deux femmes se disputent un enfant devant le roi Salomon ……
2. Pourquoi venez-vous devant moi ……
3. Procurez-moi une épée ……
4. De grâce, Monseigneur ……

b. * **Pour chacune, note le type de phrase.**

4 ** **Lis cette phrase et coche les affirmations qui sont justes.**

Mesdames et Messieurs, placez-vous sur une seule ligne, par ordre alphabétique !

- ❑ La phrase donne un ordre.
- ❑ La phrase exprime une émotion.
- ❑ La phrase est injonctive.
- ❑ La phrase est exclamative.
- ❑ On pourrait remplacer « ! » par « . ».

5 * **Indique à quel niveau de langue appartient chaque interrogation.**

1. Tu veux de l'aide ? ……
2. Pourquoi ne viendriez-vous pas ce soir ? ……
3. Est-ce que tu as pensé à fermer les fenêtres ? ……
4. Voulez-vous m'accompagner ? ……

6 ** **Surligne en noir les phrases déclaratives, en vert les interrogatives, en rouge les exclamatives et en jaune les injonctives.**

Grenouille tente de ranimer son ami qui vient de se noyer.

– Allez, reviens ! supplia-t-elle en se redressant.

La peau du garçon refroidissait sous ses paumes. Les pensées de Grenouille tourbillonnaient comme des feuilles emportées par le vent. Que pouvait-elle faire d'autre ? Le frictionner avec des herbes, peut-être faire du feu ? Elle n'aurait jamais le temps !

A. Rossi, *La Grande Rivière*, Magnard Jeunesse, 2015.

Je manipule les types de phrase

7 * **Réécris les phrases selon le type demandé.**

1. Tu as suivi tous les conseils. *(interrogatif)*
……
2. Les fusées du feu d'artifice explosent. *(exclamatif)*
……
3. Il est minuit : tu dois dormir. *(injonctif)*
……
4. Partiront-ils en Australie ? *(déclaratif)*
……

8 ** **Pose une question en langage soutenu sur l'élément en gras.**

1. Nous irons au cinéma **le week-end prochain**.
……
2. L'avion a atterri **en Finlande**.
……
3. La classe a dû écrire une lettre **au maire**.
……
4. Hercule a dû accomplir **des épreuves**.
……

J'écris des phrases interrogatives en niveau de langue soutenu

9 *** **Invente les questions en langage soutenu correspondant à ces réponses.**

Ex. Non merci, je préfère me débrouiller seul.
→ Souhaitez-vous que je vous aide ?

1. J'entre en classe de 6e.
……
2. Oui, j'ai lu ce roman ; il m'a passionné !
……
3. Ma grand-mère va bien, merci.
……

J'applique ce que j'ai appris pour écrire

Écris un dialogue de ton choix en respectant la ponctuation indiquée.

A – …… ?
B – …… .
A – …… ?
B – …… !
A – …… .
B – …… ?
A – …… !

35 L'accord sujet-verbe

Connaissances et compétences visées

Dans cette leçon, je vais apprendre à :

✔ Identifier le mot dans le groupe sujet avec lequel s'accorde le verbe

✔ Accorder le verbe avec le sujet

J'observe et je manipule

1 a. Lis le texte et complète les colonnes ② et ③ du tableau.

① Verbes	② Qui fait l'action ?	③ Pronom personnel correspondant	④ La place du sujet
joue	*Phileas Fogg*	*il*	
déclare			
allons			
sont faites			
réussiront			

Le mercredi 2 octobre, Phileas Fogg **joue** aux cartes avec ses amis, quand il leur **déclare** : « Mon domestique Passepartout et moi **allons** faire le tour du monde en quatre-vingts jours ». Les valises **sont faites** aussitôt. Alors Phileas Fogg et Passepartout sautent dans un train en partance pour la France. **Réussiront**-ils leur pari ?

D'après **J. Verne**, *Le Tour du monde en 80 jours*, 1872.

b. Avec quel(s) mot(s) s'accorde chaque verbe ? Quelle est la fonction de ce(s) mot(s) ?

....

c. Dans la colonne ④ du tableau, indique par un numéro la place du sujet par rapport au verbe.

1. Sujet placé juste avant le verbe • **2.** Sujet placé après le verbe • **3.** Sujet séparé du verbe par un mot

bilan **Le verbe s'accorde-t-il toujours avec le groupe de mots placé juste avant lui ?**

....

2 a. Dans le sujet en italique, entoure le mot principal du sujet.

Le formidable développement des chemins de fer [permettre] à Phileas Fogg de voyager rapidement.

b. Par quel pronom peux-tu remplacer ce sujet ?

....

c. Entoure la bonne forme verbale.

permets • permet • permettent.

bilan **Par quel mot peut-on remplacer un GN sujet pour bien accorder le verbe ?**

....

3 Classe les sujets soulignés dans le tableau.

1. Une foule se presse pour prendre le train.
2. Chacun a choisi sa destination.
3. Des milliers de curieux attendent le voilier.

Mots désignant une seule personne	Mots désignant plusieurs personnes

bilan **Coche la bonne réponse.**

Pour accorder un verbe, on regarde :

❍ si le mot principal du sujet est au singulier ou au pluriel. ❍ le sens du sujet.

Je retiens

1. Le verbe s'accorde en nombre et en personne avec son sujet. Il faut donc repérer le sujet pour faire l'accord. Il peut être immédiatement avant le verbe, mais aussi après lui ou séparé de lui par d'autres mots.

2. Quand le sujet est un GN étendu, il faut identifier le **nom noyau** avec lequel le verbe s'accorde.

3. Certains mots comme « une foule », « tout le monde », « on » peuvent désigner **un groupe** mais être **grammaticalement singuliers.** Le verbe s'accorde alors au singulier.

NOM NOYAU DU SUJET ⟷ Accord ⟷ VERBE

Pour le reconnaitre, on peut encadrer **le sujet** par

↓

C'est ... qui ...

Mon exemple Invente une phrase avec la forme verbale « regardent » sans la modifier.

....

Je m'exerce

J'identifie le sujet

4 * **Relie chaque sujet au pronom correspondant.**

1. Fatoumata et moi •	• elle
2. Greta et ses amies •	• nous
3. Leslie et toi •	• vous
4. une foule de supporters •	• elles
5. d'immenses bateaux •	• ils

5 * ORTHO **Complète chaque phrase avec son sujet.**

Le public • Hänsel et sa sœur • Chacun

1. .... découvrent une maison.
2. .... a applaudi l'orchestre.
3. .... pense ce qu'il veut.

6 ** **Réécris chaque phrase en réduisant le sujet : ne conserve que le nom noyau et son déterminant.**

Ex. : L'affreuse sorcière aux yeux rouges habite dans les bois. → La sorcière habite dans les bois.

1. Chez Molière, les jeunes amoureux qui ont des pères acariâtres rusent souvent pour pouvoir se marier.

....

2. La malheureuse mais jolie jeune fille dont Valère est amoureux fait semblant d'être malade.

....

J'accorde le verbe avec son sujet

7 * **Pour chaque phrase, entoure la forme verbale qui s'accorde correctement avec le sujet.**

1. Tu *préfère / préfères / préfèrent* les crêpes mais les enfants n'*aime / aimes / aiment* que les gaufres.
2. Le fils de mes voisins *habite / habites / habitent* au Canada parce qu'il crées /crée / créent un projet.

8 ** **Souligne les sujets et conjugue les verbes entre parenthèses à l'imparfait.**

1. *La maison des Hobbits (être)* .... *ronde.*
2. (savoir) .... -tu que les pieds d'un Hobbit *(avoir)* .... des poils ?

9 ** **Complète chaque phrase avec un GN sujet.**

1. .... se rend au cinéma.
2. .... iront au théâtre.
3. .... écoutait un concert.

10 *** **Repère le sujet de la phrase. Réécris chaque phrase en remplaçant le sujet par les mots entre parenthèses. Fais toutes les modifications.**

1. L'armure d'Achille, offerte par sa mère Thétis, est d'origine divine. (les armes).

....

2. Les soldats grecs, cachés dans le cheval de bois, sont entrés dans la ville de Troie. (l'armée)

....

Je m'entraine à la dictée

ORTHO

11 ** **Écris la dictée lue par ton enseignant-e. Relis-toi. Vérifie que chaque verbe est accordé avec son sujet.**

....

....

....

....

....

....

....

....

J'applique ce que j'ai appris pour écrire

Écris le portrait d'un monstre en employant ces verbes dans l'ordre que tu souhaites : *semble • poussent • rappelle • s'agitent • s'ouvre.* **Attention !** Tu n'as pas le droit de les modifier.

....

....

....

....

....

....

36 Les compléments de phrase : temps, lieu, moyen, manière

Connaissances et compétences visées

Dans cette leçon, je vais apprendre à :
- ✔ Identifier les compléments de phrase comme compléments facultatifs
- ✔ Comprendre leur sens

J'observe et je manipule

1 a. Dessine le paysage correspondant à la description. Tu devras placer : une maison, un chemin, une forêt et la mer.

Le marcheur s'arrêta pour contempler le paysage. À sa droite une grande maison avait été construite. On pouvait y accéder grâce à un petit chemin sinueux. À gauche, en face de la maison, une forêt de pins avait poussé jusqu'au bord du sentier. Les jours de grand soleil comme ce jour-là, on pouvait voir la mer derrière la maison.

b. Souligne dans le texte les groupes de mots qui t'ont aidé à placer les éléments.

bilan **Quelles informations les éléments surlignés apportent-ils ?**

....

2 a. Avec ces groupes de mots, reconstitue une phrase en mettant les étiquettes dans l'ordre.

| . | | le petit homme au chapeau mou | | avec sa grosse clef rouge | | le lendemain | | une armoire abimée | | ouvrit |

....

b. N'y a-t-il qu'un ordre possible ? ....

c. Barre les groupes de mots que tu peux déplacer, et même supprimer.

bilan **Entoure les mots justes :** *Les compléments de phrase sont* ***essentiels / supprimables / déplaçables.***

3 Si les compléments en gras étaient supprimés, quelles questions pourrais-tu poser pour les retrouver ?

1. Ce soir, j'irai au théâtre avec ma classe. : ....

2. L'air est plus vivifiant **à la montagne**. : ....

3. Il lui fait comprendre ce qu'il veut **sans parler**. : ....

4. Papa fait descendre le ballon du toit **avec son balai**. : ....

bilan **Comment peut-on connaitre le sens d'un complément de phrase ?**

....

Je retiens

La phrase minimale peut être enrichie par des **compléments de phrase** qui précisent les circonstances dans lesquelles se sont déroulés les faits. Ces compléments peuvent être supprimés et déplacés.

Complément de temps : indique quand se passe l'action.

Complément de lieu : indique où se passe l'action.

Complément de manière : indique de quelle façon s'accomplit l'action.

Complément de moyen : indique à l'aide de quoi quelqu'un fait quelque chose.

Phrase étendue

=

Phrase minimale Sujet + GV **+** Compléments de phrase

Compléments de phrase :
Lieu : où ?
Temps : quand ?
Manière : comment ? de quelle manière ?
Moyen : grâce à qui/à quoi ?

Mon exemple Rédige une phrase avec deux compléments de phrase.

....

Je m'exerce

J'identifie les compléments de phrase et leur sens

4 * **Souligne les groupes de mots en gras si ce sont des compléments de phrase.**

1. Il met **la table**. **2. À table**, il faut bien se tenir. **3.** Léa part en vacances **à Lyon**. **4.** Paul va **à Lille.**

5 * **Indique le sens des compléments de phrase en gras :** *temps, lieu, manière, moyen*.

La Belle fit le trajet **avec le cheval de son père** (................). **À son arrivée** (................), elle fut stupéfaite de ce qu'elle trouva **dans le château de la Bête** (................). **Dans la grande salle** (................), un souper l'attendait **en dégageant un délicieux fumet** (................).

6 ** **Surligne les compléments de phrase puis réécris le texte en les déplaçant.**

Depuis la veille, un froid vif s'était abattu sur la région et chaque matin les vitres étaient couvertes de givre. Les oiseaux s'étaient préparés à l'hiver en terminant leur nid.

....

....

....

....

7 ** **Souligne les deux compléments de phrase de chaque exemple.**

1. Brusquement, un lapin blanc aux yeux roses passa devant elle. **2.** Elle traversa immédiatement le champ en courant à sa poursuite. **3.** Pendant un certain temps, elle marcha droit devant elle dans le terrier.

J'utilise des compléments de phrase

8 * **Invente une réponse à chaque question et note le sens du complément de phrase que tu as employé :** *temps, lieu, manière*.

1. Quand cette équipe a-t-elle gagné ? ....

....

2. Comment a-t-il réussi à entrer ? ....

....

3. Où ont-ils trouvé ce livre ancien ? ....

....

9 ** **Enrichis ces exemples par deux compléments de phrase de ton choix.**

1. Le jeune prince bondit. ....

....

2. Manu avait tout oublié. ....

....

3. Il attendit qu'elle ait fini son devoir.

....

....

J'enrichis un texte en utilisant des compléments de phrase

10 ** **Voici un récit qui ne contient aucun détail. Ajoute au moins cinq compléments de phrase variés afin de l'enrichir.**

Ulysse arriva à Ithaque. Athéna lui donna l'apparence d'un vieillard et c'est ainsi qu'il se rendit au palais. Les prétendants prirent plaisir à le maltraiter mais Télémaque le défendit.

....

....

....

....

....

....

....

....

J'applique ce que j'ai appris pour écrire

Invente un début de conte avec les compléments de phrase indiqués.

Phrase 1 : Complément de temps .... complément de lieu.

Phrase 2 : .... complément de manière.

....

....

....

....

....

....

....

....

....

....

37 La phrase simple et la phrase complexe

Connaissances et compétences visées

Dans cette leçon, je vais apprendre à :
- ✔ Délimiter les propositions d'une phrase
- ✔ Distinguer phrase simple et phrase complexe
- ✔ Employer des phrases simples et complexes

J'observe et je manipule

1 a. Entoure le numéro correspondant au découpage qui te parait le plus logique.

1. [Persée décida de secourir Andromède : elle] [était attaquée par un monstre marin.]
2. [Persée décida de secourir Andromède] : [elle était attaquée par un monstre marin.]

1. [Persée transforma Atlas] [en montagne car il lui avait refusé l'hospitalité.]
2. [Persée transforma Atlas en montagne] [car] [il lui avait refusé l'hospitalité.]

b. Dans les deux découpages que tu as choisis, surligne les groupes verbaux.

bilan Que contient toujours chaque étiquette ? ……………………………………

2 a. Souligne les verbes conjugués puis délimite les propositions des trois phrases.

1. Pégase est un cheval ailé.
2. Il est né quand Persée a tranché la tête de Méduse.
3. À ce moment-là, le sang de la Gorgone a jailli, il est tombé dans la mer et Pégase en est sorti.

b. Complète ce tableau en t'aidant de ta délimitation.

	Nombre de propositions	Nombre de verbes conjugués
Phrase 1		
Phrase 2		
Phrase 3		

bilan Combien y a-t-il de propositions dans une phrase ? Observe ton tableau pour répondre.

……………………………………
……………………………………

3 a. Voici deux séries de phrases simples. Pour chaque série, forme une seule phrase : tu devras modifier la ponctuation et ajouter des éléments de liaison.

1. Lycaon était bien trop cruel. Jupiter l'a puni. Il l'a transformé en loup.
…………………………………… ◯

2. Arachné est devenue une araignée. Elle avait provoqué la déesse Athéna.
…………………………………… ◯

b. Indique dans le cercle le nombre de propositions dans chaque phrase obtenue.

c. Encadre les éléments que tu as ajoutés.

bilan Par quels éléments peut-on relier des propositions entre elles ?

……………………………………
……………………………………

Je retiens

1. La **phrase verbale** est formée d'**une ou plusieurs propositions**, chacune constituée d'un sujet et d'un groupe verbal avec un seul verbe conjugué.
2. Une **phrase simple est constituée d'une seule proposition**. Elle contient un verbe conjugué.
3. Une **phrase complexe** est constituée de **plusieurs propositions.** Il y a autant de propositions dans une phrase qu'il y a de verbes conjugués. Ces propositions sont **séparées** par un **signe de ponctuation** ou **reliées** par un **mot de liaison**.

Phrase simple = Une proposition = un verbe conjugué

Phrase complexe : Une proposition = un verbe conjugué + Une proposition = un verbe conjugué

Mon exemple Écris une phrase complexe.
……………………………………

Je m'exerce

Je repère des phrases complexes et délimite les propositions

4 * Souligne les phrases complexes.

1. Le film que je veux voir passe ce soir.
2. Demain, un vent très fort soufflera en rafales sur les côtes de la Manche.
3. Va, cours, vole et nous venge. **Corneille**
4. J'irai par la forêt, j'irai par la montagne. **Hugo**

5 * Pour chaque phrase, surligne le bon découpage.

1. | La belette est coincée | dans le grenier car elle a trop mangé. |
2. | La belette est coincée dans le grenier | car elle a trop mangé. |

1. | La grenouille vit un bœuf qui lui sembla | de belle taille. |
2. | La grenouille vit un bœuf | qui lui sembla de belle taille. |

6 a. * Souligne les verbes conjugués.

b. ** Délimite les propositions en les mettant entre crochets.

c. ** Surligne en jaune la phrase simple.

d. * Encadre les éléments de liaison dans les phrases complexes.**

Persée présente à Atlas la face hideuse de Méduse. Dans toute sa hauteur, Atlas est changé en montagne ; sa barbe et ses cheveux deviennent des forêts, ses épaules et ses bras deviennent des coteaux, sa tête se dresse au sommet de la montagne ; ses os se transforment en pierres. Puis son corps agrandi dans tous les sens prend un immense développement et le ciel avec tous ses astres repose tout entier sur lui.

D'après **Ovide**, *Les Métamorphoses*, © Les Belles Lettres, 2015.

Je rédige des phrases complexes

7 * Réécris ce texte avec deux phrases complexes. Encadre les éléments que tu as ajoutés.

Une fissure apparait sur l'œuf. Un bec agrandit le trou. L'oisillon sort de sa coquille. Son duvet sèche. Il réclame à manger.

....

....

8 ** Complète ces débuts de phrases en tenant compte de la consigne entre parenthèses.

1. *(phrase complexe)* Le Cyclope ....

....

2. *(phrase simple)* La Bête ....

....

9 ** Réécris deux fois cette phrase simple en la rendant de plus en plus complexe.

Le Petit Poucet chaussa les bottes de sept lieues.

....

....

....

....

....

....

....

J'emploie des phrases simples et complexes

10 ** Transforme cette longue phrase en quatre phrases et précise combien chacune contient de propositions.

Le Petit Chaperon rouge traverse le bois car sa mère veut qu'elle apporte des provisions à sa grand-mère, mais le loup l'a aperçue, il a couru chez la vieille dame, il prend sa place et attend la fillette ; lorsqu'elle arrive, il la laisse entrer et il la dévore.

....

....

....

....

....

J'applique ce que j'ai appris pour écrire

Raconte l'arrivée d'Hänsel et Gretel devant la maison de la sorcière en utilisant les structures de phrase suivantes :

phrase simple • phrase complexe à deux propositions • phrase simple • phrase complexe à trois propositions.

....

....

....

....

....

....

....

J'évalue mes acquis — Construire des phrases

Avez-vous bien compris les leçons sur la phrase ? Vérifie en lisant cet extrait et en répondant aux questions d'un des groupes.

Le Malade imaginaire

LOUISON. – Qu'est-ce que vous voulez, mon papa ? Ma belle-maman m'**a dit** que vous me demandez.

ARGAN. – Oui. Venez çà. Avancez là. Tournez-vous. Levez les yeux. Regardez-moi. Eh ?

LOUISON. – Quoi, mon papa ? […]

ARGAN. – N'avez-vous rien à me dire ?

LOUISON. – Je vous dirai, si vous voulez, pour vous désennuyer, le conte de *Peau d'Âne*, ou bien la fable du *Corbeau et du Renard,* qu'on m'a apprise depuis peu.

ARGAN. – Ce n'est pas là ce que je demande. […]

LOUISON. – Quoi donc ?

ARGAN. – Ah ! rusée, vous savez bien ce que je veux dire.

LOUISON. – Pardonnez-moi, mon papa.

ARGAN. – Est-ce là comme vous m'obéissez ?

LOUISON. – Quoi ?

ARGAN. – Ne vous ai-je pas recommandé de me venir dire d'abord tout ce que vous voyez ?

LOUISON. – Oui, mon papa.

ARGAN. – L'avez-vous fait ?

LOUISON. – Oui, mon papa. Je vous suis venue dire tout ce que j'ai vu.

ARGAN. – Et n'avez-vous rien vu aujourd'hui ?

LOUISON. – Non, mon papa. […]

ARGAN. – Ah ! ah ! petite masque, vous ne me dites pas que vous avez vu un homme dans la chambre de votre sœur !

LOUISON. – Mon papa !

Molière, *Le Malade imaginaire*, Acte II, scène 8, 1673.

Groupe 1

Je repère

1. **Dans les répliques de Louison, surligne trois phrases non verbales.**

2. **Encadre le sujet du verbe en gras. Par quel pronom peux-tu le remplacer ?**

3. **Dans les deux dernières répliques d'Argan, souligne deux compléments de phrase : en rouge un complément de temps et en bleu un complément de lieu.**

Je manipule

4. **Transforme la 1re phrase interrogative pour que son niveau de langue soit soutenu.**

5. **L. 8 à 11, réduis la phrase de Louison pour en faire une phrase minimale.**

6. **L. 4-5, transforme les cinq phrases simples en une seule phrase complexe.**

J'écris

7. **Ajoute quatre répliques au texte. Argan n'utilisera que des phrases interrogatives ; Louison ne prononcera que des phrases négatives.**

Groupe 1, 2 ou 3 : *je rédige en respectant la consigne 7*

Pédagogie différenciée

Groupe 2

Je repère

1. Combien de phrases contient la 1re réplique d'Argan ? ……………………

…… phrases verbales …… phrases non verbales

2. Surligne en jaune une phrase interrogative de niveau de langue courant et en rose une phrase de niveau de langue soutenu.

3. L. 25-30, souligne deux compléments de phrase : en rouge un complément de temps et en bleu un complément de lieu.

Je manipule

4. Transforme la question d'Argan ligne 25 en phrase exclamative.

……………………

5. Ajoute à la phrase (l. 2-3) un complément de temps.

6. L. 16, complète la réplique de Louison pour en faire une phrase complexe.

J'écris

7. Ajoute quatre répliques au texte. Argan questionne sa fille Louison qui ne répond que par des phrases négatives. Tu utiliseras dans l'ordre de ton choix : *ne… rien*, *aucun… ne* et *ne… jamais*.

Groupe 3

Je repère

1. Surligne trois phrases non verbales.

2. Quel est le type de phrase le plus utilisé dans le texte ? Pourquoi, à ton avis ?

……………………

……………………

3. L. 25-30, encadre deux compléments de phrase. Précise leur sens. ……………………

……………………

Je manipule

4. Transforme la réplique d'Argan lignes 14-15 en phrases interrogative et négative, tout en respectant le niveau de langue. ……………………

……………………

5. Ajoute un complément de phrase à la réplique d'Argan l.27-39. Indique la précision qu'il apporte.

……………………

……………………

6. L. 16, complète la réplique de Louison pour en faire une phrase complexe avec trois propositions. Mets chaque proposition entre crochets.

……………………

……………………

……………………

J'écris

7. Ajoute six répliques au texte. Argan questionne Louison qui ne répond que par des phrases négatives. Tu utiliseras des négations différentes.

Compétences évaluées J'évalue mes acquis en complétant chaque smiley.	🙂 😐 🙁
1. J'ai distingué phrase simple et phrase complexe.	
2. J'ai repéré des phrases non verbales.	
3. J'ai identifié des compléments de phrase.	
4. J'ai utilisé les types et formes de phrase.	

Ce que je sais déjà faire — La structure d'un texte

• Dans cette double page, tu vas pouvoir **réviser** ce que tu as appris en primaire afin de **te préparer** aux leçons qui vont suivre.
• **Lorsque tu en as besoin**, tu peux consulter la *Boite à outils* et cocher au fur et à mesure les outils que tu as utilisés.

Plusieurs fois, Toa le Marchand a essayé d'abandonner le garçon. Il s'y prend toujours de la même façon. Certains matins, quand il est particulièrement en rogne (les affaires ont été mauvaises, le point d'eau est asséché, la nuit trop froide, il y a toujours une bonne raison…), il se lève en silence, roule sa tente de laine brune, et murmure à l'oreille du dromadaire qui somnole :

– Allez, le chameau, debout, on y va.

Le garçon fait semblant de dormir. Il sait ce qui va suivre.

– Alors, tu viens, oui ?

Toa le marchand s'arc-boute sur la bride du dromadaire qui le regarde en mastiquant un vieux chardon.

– Tu vas te lever, dis ?

Non. Le dromadaire reste couché sur ses genoux.

D. Pennac, *L'Œil du loup*, Nathan, 1984, Pocket, 1994.

Une boffe poussa sur le dos du chameau. On l'appela ensuite une bosse. Les trois animaux se mirent en colère et demandèrent au génie de punir le chameau. Bof disait toujours le chameau. Le génie se fâcha Chameau je veux que tu travailles Le chien, le bœuf et le cheval travaillaient dans le désert, seul le chameau ne faisait rien.

D'après **R. Kipling**, « Comment le chameau eut une bosse », *Histoires comme ça*, Hachette Jeunesse, 1992.

Ce que je peux savoir avant de lire les extraits

a. **Sans lire les textes, lequel te parait le plus facile à comprendre ?** ....

b. **Quels éléments t'ont donné cette impression ?** ....

Je vérifie ma compréhension des extraits

c. **Coche le titre qui te parait le plus approprié pour le premier texte.**

❍ Toa le marchand et le garçon
❍ Comment le dromadaire défendit le garçon contre Toa
❍ Le marchand de chameau

d. **Imagine un titre pour le second extrait.**

....

1 Je comprends l'ordre et la progression du récit

a. **Associe les trois résumés à chacune de ces appréciations :**
A. incohérente B. pas chronologique C. correcte

1. Le dromadaire refuse de se lever. Le garçon dort. Le marchand veut partir en abandonnant le garçon.	
2. Le marchand essaie d'abandonner le garçon. Il veut partir avec le dromadaire pendant que le garçon dort. Le dromadaire refuse de se lever.	
3. Le marchand veut dormir alors il réveille le dromadaire. Mais celui-ci veut manger le garçon.	

b. **Auquel des deux textes correspond la liste d'actions correcte ?** ....

c. **Le 2e texte respecte-t-il la chronologie ?** ....

Boite à outils 1

Compétences réactivées

Dans cet atelier, je vérifie que je sais :

✔ Organiser un texte à l'aide de signes de ponctuation et de paragraphes

✔ Repérer les différentes manières de désigner un personnage

2 *Je connais les règles de présentation d'un texte*

a. Dans le deuxième texte, surligne les paroles du chameau et du génie.

b. Nomme les signes de ponctuation que tu pourrais utiliser pour bien présenter ces paroles.

....

Boite à outils 2

3 *Je sais lire et écrire un texte cohérent*

a. Parmi ces phrases, surligne celles qui pourraient poursuivre le premier texte.

1. Je me mets en colère et frappe le dromadaire.
2. Le marchand prit son bâton pour en menacer le dromadaire.
3. Le marchand prend son bâton pour en menacer le dromadaire.
4. Le garçon se lève pour défendre le dromadaire.

b. Pour quelles raisons n'as-tu pas choisi les autres ?

....

....

c. Propose une phrase qui pourrait être une suite pour le second texte.

....

Boite à outils 3

4 *Je sais employer différentes manières de nommer un personnage*

a. Dans le premier texte, lignes 7 à 12, encadre trois mots ou groupes de mots qui désignent le dromadaire.

b. Dans cette liste, barre les mots qui ne peuvent pas être utilisés pour désigner le dromadaire.

l'animal • l'homme • celui-ci • elle • le cheval • ils • la bête à bosse

c. Propose ta propre désignation pour le dromadaire.

....

Boite à outils 4

Boite à outils

❍ **1** Un texte n'est pas une simple suite de phrases. Il parle d'un sujet précis et enchaine logiquement les actions ou les idées.

❍ **2** Un texte doit être ponctué, y compris dans les dialogues, et doit être organisé en paragraphes.

❍ **3** Un texte de récit doit être cohérent, c'est-à-dire qu'il garde le même narrateur et n'en change pas. Il garde aussi le même système de temps : le présent ou le passé.

❍ **4** Le lecteur doit comprendre facilement qui sont les différents personnages grâce à la manière dont on les désigne.

38 S'exprimer correctement à l'oral et à l'écrit

Connaissances et compétences visées

Dans cette leçon, je vais apprendre à :

✔ Reconnaitre les différentes manières de s'exprimer en fonction du contexte

✔ Respecter les bons codes à l'oral et à l'écrit en classe

J'observe et je manipule

1 a. Lis le texte, observe le vocabulaire employé et la tournure des phrases.
Selon toi, le texte est proche
❍ de l'oral. ❍ de l'écrit.

> Qu'est-ce qu'**elle** croyait, la Parisienne ? Que j'allais y offrir le thé au salon ? Qu'on allait grignoter des petits fours ? Ça se pointe sans prévenir chez les gens […] et ça vient vous faire la leçon ! […]
>
> **J. C. Mourlevat**, *L'Enfant océan*, Pocket Jeunesse, 1999.

b. Imagine qui parle, à qui et dans quel lieu.

....

c. À quel niveau de langue (courant, familier ou soutenu) appartient le verbe souligné ? Propose un synonyme dans un autre niveau de langue.

....

d. Que désigne le pronom « elle » **en gras ? Réécris la phrase de manière à supprimer ce pronom.**

....

bilan Dans quelles situations peut-on utiliser le niveau de langue familier ?
❍ dans toutes les situations ❍ à l'oral, avec des personnes que l'on connait bien

Quelles sont les trois caractéristiques du niveau de langue familier ?
❒ l'emploi de la négation « ne…pas » ❒ l'oubli du « ne » de négation ❒ l'usage de mots simples ❒ l'usage de mots familiers, d'argot… ❒ la reprise d'un GN par un pronom dans la même partie de phrase

2 a. Entoure le mot qui indique où les personnages se trouvent. Peux-tu dire de quel lieu il s'agit ? ....

b. Souligne le mot qui donne une indication de temps. Peux-tu dire de quel jour il s'agit ? ....

bilan Quelles informations le lecteur doit-il comprendre facilement à l'écrit ?

....

....

> Ici, il y a du nouveau : j'ai une copine. Tu sais, je t'ai dit pour Clara. La fille qui pleurait. Figure-toi qu'hier elle a reçu un livre envoyé par sa mère : « En famille », d'Hector Malot. Je n'ai pas pu m'empêcher de lui dire que moi j'étais en train de lire « Sans famille ».
>
> **E. Brami**, *Ta Lou qui t'aime*, Seuil, 1999.

Je retiens

1. On ne s'exprime pas de la même manière en classe, avec des amis, ou des adultes inconnus. On doit **s'adapter à son interlocuteur** et **à la situation** dans laquelle on se trouve.
2. À l'écrit, mais aussi à l'oral dans certaines situations, il faut respecter **un certain nombre de règles** :
   – le **« ne »** de négation est obligatoire ;
   – le niveau de langue doit être **courant ou soutenu** ;
   – le **GN sujet** ne peut pas être repris dans la même proposition par un pronom ;
   – dans une **phrase interrogative**, le mot interrogatif est au début et le sujet doit toujours être inversé.

Code de l'oral courant
- ordre des mots dans les questions : mot interrogatif + est-ce que + sujet + verbe + ?
- lexique courant
- GN parfois repris par un pronom dans la même proposition pour mettre en relief
- Négation : « ne » souvent omis

Code de l'écrit
- ordre des mots dans les questions : mot interrogatif + verbe + sujet + ?
- lexique courant ou soutenu
- GN sujet non repris par un pronom dans la même proposition
- négation ne … pas

Mon exemple Réécris la phrase en utilisant un langage soutenu (1) puis un langage familier (2).

courant : Dépêche-toi, j'ai faim ! **1.** .... **2.** ....

Je m'exerce

Je reconnais les différentes manières de s'exprimer et leur contexte

3 * Voici des couples de phrases où un mot est employé deux fois, dans des niveaux de langue différents. Souligne les phrases où ce mot est familier.

1. La police a pincé le voleur. / Attention ! Tu risques de te pincer les doigts.
2. Qu'est-ce qu'il caille, ce matin ! / Le lait caille au bout de quelques jours.
3. Dans la tour une vieille femme filait la laine. / Le chien a filé avec son os.
4. Où tu as garé ta caisse ? / Le livreur a empilé les caisses.

4 * Classe les mots selon leur sens et leur niveau de langue.

se dépêcher • balèze • chaussure • se grouiller • fort • godasse • soulier • robuste • se hâter

Courant	Familier	Soutenu

5 * Souligne en bleu les phrases qui appartiennent à un niveau soutenu, en vert celles qui appartiennent à un niveau familier.

Monsieur Édouard s'est levé, l'air affolé.
– J'ai à me cacher d'urgence, Majesté ! Faites diversion ! Pendant que je contourne la butte, envoyez-les vers la cité !
Et tandis que monsieur Édouard contourne la butte, Momo, désemparé, se met à siffloter sur son banc, ne sachant pas s'il fait diversion ou pas.
– Eh, gamin ! lui lance alors un homme grand et fort qui porte une blouse blanche. T'aurais pas vu un vieux cinglé trainer par ici ?

Y. Hassan, *Momo, petit prince des Bleuets*, © Syros, 2006.

Je respecte les codes de l'écrit

6 * Pour chaque phrase, souligne ce qui n'est pas acceptable à l'écrit.

1. Philéas Fogg et Passepartout vont réussir à faire le tour du monde ? ....
2. L'inspecteur a pas réussi à les arrêter. ....
3. Les Indiens, ils ont attaqué le train et ils ont zigouillé des voyageurs.
....

7 ** Réécris l'exercice 6 en niveau courant.

1. ....
....
2. ....
3. ....
....

8 ** Réécris la phrase en niveau de langue courant « T'aurais pas vu un vieux cinglé trainer par ici ? ».

....
....
....
....

Je comprends le sens d'un mot

9 * Ces mots peuvent appartenir à des niveaux de langue différents :** tarte • bouché • taper
Vérifie dans un dictionnaire, puis emploie chacun d'eux dans deux phrases de niveau différent.

....
....
....
....
....
....
....

J'applique ce que j'ai appris pour écrire

À l'oral, un collégien raconte ses vacances à un ami. Écris une autre version destinée à son professeur.

Où je suis allé en vacances ? En Espagne. J'étais jamais allé là-bas. Il fait super chaud ! À Madrid mes parents ont pas arrêté de me trainer dans des musées ! Le grand tableau de Picasso, *Guernica*, je l'ai quand même bien aimé.

....
....
....

39 Reconnaitre le narrateur dans un récit

Connaissances et compétences visées

Dans cette leçon, je vais apprendre à :
- ✔ Distinguer l'auteur et le narrateur
- ✔ Identifier si le narrateur est un personnage de l'histoire
- ✔ Réécrire un texte en changeant de narrateur

J'observe et je manipule

1 a. Souligne le nom de l'auteur du texte.

J'avais alors deux ans et j'étais bien le chat le plus gras et le plus naïf qu'on pût voir. […] J'avais, au fond d'une armoire, une véritable chambre à coucher, coussin de plumes et triple couverture.

É. Zola, *Nouveaux contes à Ninon*, 1864.

b. Qui est le personnage de l'histoire ? ....

c. Qui raconte l'histoire ? Encadre le mot qui le désigne.

....

d. L'auteur et le narrateur (celui qui raconte) sont-ils la même personne ? Explique ta réponse.

....

....

bilan Complète les phrases : .... a écrit le texte, ici un conte. .... fait le récit de l'histoire. Quand l'histoire est racontée à la 1re personne « je », ... est un personnage.

2 Lis le texte puis complète le tableau.

Il était une fois une paire de chaussures qui étaient mariées ensemble. La chaussure droite, qui était le monsieur, s'appelait Nicolas, et la chaussure gauche, qui était la dame, s'appelait Tina. Elles habitaient une belle boîte de carton où elles étaient roulées dans du papier de soie.

P. Gripari, *La Sorcière de la rue Mouffetard*, La Table Ronde, 1967.

	Nicolas	Nicolas et Tina	Gripari
Auteur			
Personnage			
Pronom désignant les personnages			

bilan Coche la bonne proposition.

Quand l'histoire est racontée à la 3e personne, le narrateur :
- ❍ est un personnage de l'histoire.
- ❍ ne fait pas partie de l'histoire.

3 Relie les personnages aux pronoms qui les désignent.

Quand elle reprit pied sur l'îlot, Arbas arborait son habituelle expression butée.
– Je peux te porter, promit-elle, si tu ne me sers pas trop fort.
– Je déteste ça.
Grenouille soupira.

A. Rossi, *La Grande Rivière*, Magnard, 2015.

Arbas •	• je
Grenouille •	• tu
	• elle

bilan Quels éléments du texte t'aident à savoir si le personnage est ou non le narrateur ?

❍ le récit ❍ le dialogue

Je retiens

1. **Le narrateur** d'un récit est la personne imaginaire qui raconte l'histoire. Il ne faut pas le confondre avec **l'auteur** qui a écrit le texte et qui est une personne réelle.
2. Le narrateur **peut être un personnage du récit** : il raconte l'histoire en employant la première personne « **je** » quand il parle de lui, et la troisième personne pour les autres personnages.
3. Le narrateur **peut ne pas faire partie du récit** : il raconte en désignant les personnages à la troisième personne « **il/elle, ils/elles** ».

Narrateur qui appartient à l'histoire
→ C'est un personnage de l'histoire qui dit « je ».

Narrateur extérieur à l'histoire
→ Il désigne les personnages de l'histoire par « il(s)/elle(s) ».

Mes exemples Écris une phrase avec un narrateur personnage.

....

Je m'exerce

Je distingue auteur et narrateur

4

Ah ! c'était vraiment une bonne odeur qui chatouillait d'autant plus agréablement notre palais que depuis longtemps nous ne l'avions pas respirée.

H. Malot, *Sans famille*, 1878.

a. * **Qui est l'auteur du texte ?** ....

b. * **Le narrateur est-il un personnage de l'histoire ? Souligne trois mots pour justifier.**

....

....

5

Lorsque sa tête apparut à la surface de la mer, le soleil venait de se coucher ; mais les nuages brillaient encore comme des roses et de l'or, et l'étoile du soir étincelait au milieu du ciel. [...] Près de la petite sirène se trouvait un navire à trois mâts ; il n'avait qu'une voile dehors, à cause du calme, et les matelots étaient assis sur les vergues et sur les cordages.

H. C. Andersen, *La Petite Sirène*, trad. D. Soldi, Hachette.

a. * **Qui est l'auteur de ce texte ?**

❍ La petite sirène ❍ Hachette
❍ Andersen ❍ David Soldi

b. * **Par quel pronom les personnages de l'histoire sont-ils désignés ?**

❍ 1re personne du singulier (je)
❍ 3e personne du singulier (il/elle)

c. Le narrateur fait-il partie de l'histoire ? Pourquoi ?

....

....

J'identifie le narrateur

6 **a.** ** **Surligne le passage de récit.**

« Tu veux me regarder ? D'accord ! Moi aussi, je vais te regarder ! on verra bien... »
Mais quelque chose gêne le loup. Un détail stupide. Il n'a qu'un œil et le garçon en a deux. Du coup, le loup ne sait pas dans quel œil du garçon planter son propre regard.

D. Pennac, *L'Œil du loup*, Pocket, 2003.

b. ** **Le narrateur est-il un personnage de l'histoire ? Justifie.**

....

....

7 ** **Qui est le narrateur de ce texte ? Souligne les indices qui t'ont permis de répondre.**

....

J'aime courir dans l'herbe et j'aime les caresses et je n'aime pas ce que les humains nomment les vacances. Dès qu'ils ont prononcé ce mot, « vacances », ils m'ont enfermé dans un panier. Ils sont venus alors que j'étais sur le lit de Rodrigue. Là où je dors d'habitude, à côté du jardin où je chasse d'habitude et pas loin de l'endroit où je mange d'habitude.

J.-N. Blanc, *Chat perdu*, © Éditions Gallimard Jeunesse, 2008.

Je réécris un texte en changeant de narrateur

8 ** ORTHO **Réécris le texte de l'exercice 6 pour que le narrateur soit le loup.**

....

....

....

....

....

....

....

....

....

....

J'applique ce que j'ai appris pour écrire

Poursuis ce texte avec deux ou trois phrases en utilisant le même narrateur.

Le doute n'était pas possible ! [...] Nous étions étendus sur le dos d'une sorte de bateau sous-marin, qui présentait, autant que j'en pouvais juger, la forme d'un immense poisson d'acier.

J. Verne, *Vingt mille lieues sous les mers*, 1870.

....

....

....

....

40 Les reprises nominales et pronominales

Connaissances et compétences visées

Dans cette leçon, je vais apprendre à :
- ✓ Retrouver les différentes désignations pour un même élément (quand je lis)
- ✓ Varier les désignations (quand j'écris)

J'observe et je manipule

1 a. Comment nomme-t-on le déterminant du GN en gras ?
❍ article défini ❍ article indéfini

Pourquoi est-il utilisé ?

....

b. Souligne les autres GN qui désignent ce personnage. À quelle classe appartiennent les déterminants utilisés ?

....

Un goupil nommé Renart n'avait pas mangé depuis trois jours et il avait très faim. L'animal rusé décida alors de voler les bacons entreposés dans un grenier. Ceux-ci étaient en effet fort appétissants et le goupil aimait beaucoup ces charcuteries.

bilan **À quel moment utilise-t-on un article indéfini ? Quels déterminants peut-on utiliser quand on a déjà parlé d'un personnage ?** ....

....

2 a. À l'aide du texte, associe chaque GN aux mots qui le reprennent.

b. Quel est le genre et le nombre de « un goupil nommé Renart » **?**

....

- un goupil nommé Renart •
- les bacons •

- • il
- • l'animal rusé
- • ceux-ci
- • le goupil
- • ces charcuteries

bilan **Les mots qui reprennent un nom ou un GN sont-ils toujours au même genre et même nombre que lui ? Coche la bonne réponse.**
❍ Oui, s'il s'agit d'un nom ou d'un GN. ❍ Oui, s'il s'agit d'un pronom.

3 Surligne les GN qui désignent le fils et classe-les dans le tableau.

Il était une fois une reine qui accoucha d'un fils très laid et très mal fait. Une fée assura que l'héritier du trône aurait beaucoup d'esprit et que cet être si intelligent pourrait donner autant d'esprit qu'il en aurait à celle qu'il aimerait le mieux. Tout cela consola un peu la pauvre reine d'avoir mis au monde ce si vilain marmot.

D'après **C. Perrault**, « Riquet à la houppe », *Contes*, 1697.

Informations sur le physique	Informations sur les qualités morales	Informations sur le statut social

bilan **Pourquoi est-ce utile d'employer des GN différents pour désigner un personnage ?**

....

....

Je retiens

1. On utilise les mots de **reprise** pour **remplacer un nom propre ou un GN**. Ils peuvent être des GN ou des pronoms (ces derniers prennent le genre et le nombre du mot qu'ils remplacent). Le mot de reprise doit pouvoir remplacer le nom sans changer le sens de la phrase.
2. Varier les mots de reprise permet d'**éviter les répétitions** et de **donner de nouvelles informations**.
3. Dans un texte, il faut repérer les différentes manières de désigner un personnage, un lieu ou un objet afin de **bien l'identifier**.

GN ou nom propre
- Même nom précédé d'un autre déterminant
- GN apportant une information nouvelle
- Pronom qui prend le genre et le nombre du mot qu'il reprend

Mon exemple Propose deux désignations possibles pour « un mouton ».

1. .... **2.** ....

Je m'exerce

Je repère les différentes désignations d'un même élément

4 * **Classe ces désignations dans le tableau.**

le roi des animaux • elle • la petite bête • le félin • il • celle-ci • cet animal rugissant

Le lion	La souris

5 * **Souligne les désignations de l'éléphant.**

Un Rat des plus petits voyait un Éléphant
Des plus gros, et raillait le marcher un peu lent
De la bête de haut parage,
Qui marchait à gros équipage.
Sur l'animal à triple étage
Une Sultane de renom, [...]
S'en allait en pèlerinage.
Le Rat s'étonnait que les gens
Fussent touchés de voir cette pesante masse [...].

J. de La Fontaine « Le Rat et l'Éléphant », *Fables*, 1678.

6 **a.** ** **Encadre les désignations de la clef.**

Tout à coup elle rencontra sur son passage une petite table [...] et rien dessus qu'une toute petite clef d'or. Alice pensa aussitôt que ce pouvait être celle d'une des portes ; mais hélas ! soit que les serrures fussent trop grandes, soit que la clef fût trop petite, elle ne put en ouvrir aucune.

L. Carroll, *Alice au pays des merveilles*, trad. H. Bué, 1869.

b. ** **Quels déterminants sont utilisés ? Pourquoi ?**

....

....

....

Je varie les désignations

7 * **Complète les phrases avec :** ce dernier, qui, l'un, l'autre.

1. Un roi avait deux fils. .... était beau et intelligent. .... était laid et borné.

2. L'aîné eut le Moulin et le plus jeune n'eut que le Chat. .... en était fort déçu.

3. Il était une fois un prince .... voulait épouser une princesse, mais une vraie princesse.

8 ** **Pour chaque phrase, imagine une suite en employant obligatoirement la désignation demandée pour reprendre les mots en gras.**

1. Une somptueuse villa se dressait au milieu d'une clairière. *(pronom)* : ....

2. Je somnolais quand **une jeune fille** entra. *(GN avec un autre déterminant)* : ....

3. La chèvre fit face à **un loup**. *(un GN apportant une information)* : ....

9 ** **Quel problème remarques-tu dans ce texte ?**

Le prince devait affronter le dragon. Il était furieux et crachait des flammes. Il se protégeait de son mieux avec son bouclier. Soudain, il se retourna et tenta de l'écraser. Heureusement, il eut le temps de l'esquiver et enfonça son arme entre deux écailles.

....

....

Je m'entraine à la réécriture

10 ** **Rends le texte de l'exercice 9 plus clair en variant les désignations des deux personnages.**

....

....

....

....

....

....

....

J'applique ce que j'ai appris pour écrire

Invente trois désignations pour le Loup et trois pour le Petit Chaperon rouge puis raconte leur rencontre en utilisant toutes tes désignations.

....

....

....

....

....

....

41 Le récit au présent

Connaissances et compétences visées

Dans cette leçon, je vais apprendre à :
- ✔ Distinguer le récit au présent du récit au passé
- ✔ Repérer la chronologie des évènements
- ✔ Écrire un récit au présent

J'observe et je manipule

« Ah, docteur ! gémit l'ogre, ça ne va vraiment pas fort. Je sens comme un poids sur l'estomac et j'ai toujours envie de vomir. Si ça continue, il faudra que je me mette au régime.
–Voyons, voyons, dit le médecin, ne vous affolez pas. […] Dites-moi ce que vous avez mangé ces jours derniers.
– Eh bien, dit l'ogre en rassemblant ses souvenirs, avant-hier, j'ai croqué un garde champêtre, un coureur cycliste et une marchande de fruits et légumes. Tous bien frais, et pas trop gras. […] Et vous pensez que c'est grave ?
– Mais pas du tout ! répond le médecin. Tenez, avalez ce cachet, et dans trente secondes vous ne sentirez plus rien. […]
Et l'ogre, tout joyeux, retrouve d'un seul coup son bel appétit. […] Il saute sur le médecin et n'en fait qu'une bouchée.

B. Friot, « Consultation », *Nouvelles histoires pressées*, © Milan poche Junior, 2007.

1 a. Quel est le problème de l'ogre ? Souligne la phrase qui l'explique et donne le temps des verbes.

....

....

b. Quel temps l'ogre utilise-t-il pour raconter ce qu'il a fait avant de venir au cabinet médical ?

....

c. Classe les évènements dans l'ordre où ils se sont déroulés et indique le temps utilisé pour chacun. Surligne les indications de temps qui te permettent de répondre.

Actions	L'ogre dévore le médecin.	Il croque un garde champêtre.	Il parle au docteur.	Il se sent mieux.	Il saute sur le médecin.	Il avale un cachet.	Il est malade.
Ordre							
Temps							

bilan Comment peux-tu retrouver l'ordre des actions ? ....

....

La Grenouille qui se veut faire aussi grosse que le Bœuf

Une Grenouille vit un Bœuf
Qui lui sembla de belle taille.
Elle, qui n'était pas grosse en tout comme un œuf,
Envieuse, s'étend, et s'enfle, et se travaille,
Pour égaler l'animal en grosseur,
Disant : « Regardez bien, ma sœur ;
Est-ce assez ? Dites-moi ; n'y suis-je point encore ?
– Nenni. – M'y voici donc ? – Point du tout. – M'y voilà ?
– Vous n'en approchez point. » La chétive pécore
S'enfla si bien qu'elle creva.

J. de La Fontaine, *Fables*, 1, 1668.

2 a. Quel temps est utilisé aux vers 1, 2 et 10 ? ....

b. Pourquoi le présent est-il utilisé dans les vers 7 à 9 ? ....

....

....

bilan Quelle partie du texte dois-tu observer pour savoir s'il s'agit d'un récit au présent ou au passé ? ....

....

Je retiens

1. Le **présent de l'indicatif** est utilisé dans un récit pour **raconter les faits** qui se déroulent **en même temps que le récit** lui-même. Les **faits** qui se sont déroulés **avant** sont racontés **à l'imparfait et au passé composé**, et **ceux** qui se dérouleront **après** sont **au futur**.
2. Les temps des dialogues sont indépendants du temps du récit.

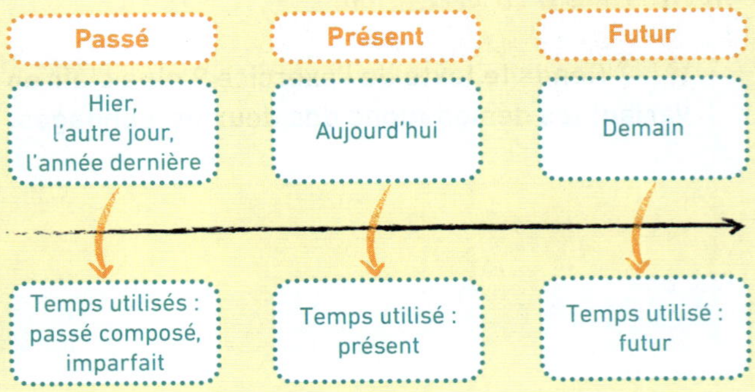

Mon exemple Écris une phrase avec une action passée, une action présente et une action future.

....

Je m'exerce

Je distingue un récit au présent d'un récit au passé

3 * **Ce texte est-il au présent ou au passé ? Surligne ce qui t'a aidé à répondre.**

....

Plus Tom cherchait à s'absorber dans son travail, plus ses idées vagabondaient. Il soupirait, il bâillait ; de guerre lasse il n'insista plus. Il lui semblait que l'heure du déjeuner n'arriverait jamais.

M. Twain, *Les Aventures de Tom Sawyer*, 1876, trad. F de Gaïl, Gallimard jeunesse, 2008.

4 * **Ce texte est-il au passé ? Surligne ce qui t'a aidé à répondre.**

....

Aujourd'hui, Archibald Leopold Ruthmore n'écrit plus. Il a fait don de tous ses livres, et Amélia dispose désormais de sa maison et du reste de ses biens.

F. Place, *Les Derniers Géants*, Casterman, 2008.

5 ** **Indique si les phrases sont extraites d'un récit ou d'un dialogue.**

1. J'ai besoin d'un stylo. Peux-tu me prêter le tien ? ....

2. L'écolier rêve. Absorbé par ses pensées, il ne la voit pas arriver.

....

3. Je t'assure qu'il faut qu'elle prenne son parapluie. ....

Je sais repérer des évènements les uns par rapport aux autres

6 * **Indique, pour chaque phrase, si l'action se passe avant, en même temps ou après le moment où l'on parle.**

1. Honorine a encore oublié de fermer le poulailler. ....

2. Poil de Carotte, tu iras les fermer tous les soirs. ....

3. Mais, Maman, moi aussi, j'ai peur ! ....

7 ** **Aide-toi des indicateurs de temps pour barrer les formes verbales incohérentes.**

1. Hier, Malo *a acheté/achète/achètera* un livre. Aujourd'hui, il l'*a emballé/emballe/emballera* car il l'*a offert/offre/offrira* demain à sa sœur.

2. L'an dernier, Lucien *a participé/participe/participera* à un concours. Depuis, il s'*est entrainé/entraine/entrainera* tous les jours. Il espère qu'il *a gagné/gagne/gagnera* le prochain.

3. Dans trois ans je *ai passé/passe/passerai* mon permis. En attendant j'*ai appris/apprends/apprendrai* mon code car j(e) *ai réussi/réussis/réussirai* l'ASSR l'an dernier !

8 *** **Aide-toi des indicateurs de temps pour conjuguer les verbes aux temps appropriés.**

1. La cigale *(s'amuser)* .... tout l'été dernier. À présent, elle *(réclamer)* .... de la nourriture à la fourmi sa voisine. Celle-ci ne *(vouloir)* .... rien lui donner l'hiver prochain.

2. À présent, le corbeau *(lâcher)* .... son fromage car, juste avant, le renard lui *(demander)* .... de chanter. On ne l'y *(prendre)* .... plus !

Je transpose un récit au passé en récit au présent

9 *** **Transforme le texte de l'exercice 3 en récit au présent.**

....

....

....

....

....

....

....

....

....

J'applique ce que j'ai appris pour écrire

Écris un court récit au présent racontant ces actions. Dans le passé : courir, tomber ; dans le présent : se reposer ; dans le futur : guérir, courir.

....

....

....

....

....

....

....

42 Le récit au passé

Connaissances et compétences visées

Dans cette leçon, je vais apprendre à :

✔ Distinguer le récit au passé du récit au présent
✔ Repérer la chronologie des évènements
✔ Écrire un récit au passé

J'observe et je manipule

1 a. Complète les étiquettes avec les actions du texte. Identifie les temps.

b. Colorie les étiquettes correspondant au moment du récit.

Après les vacances de Pâques, le dernier trimestre commença. Grand-mère et moi, nous avions décidé de passer les grandes vacances en Norvège. Nous en parlions tous les jours. Grand-mère avait loué deux cabines sur le premier bateau partant pour Oslo. Puis, d'Oslo, elle m'emmènerait sur la côte sud.

R. Dahl, *Sacrées Sorcières*, trad. M.-R. Farré, © Gallimard Jeunesse, 2007.

1.	Avant les vacances de Pâques Avant le moment du récit		Temps utilisé : ....
2.	Après les vacances de Pâques Au moment du récit		Temps utilisé : ....
3.	Aux grandes vacances Après le moment du récit		Temps utilisé : ....

bilan **Que dois-tu observer pour retrouver l'ordre des actions dans un récit ?**

....

2 a. Indique si les actions soulignées se situent avant ou après celle du verbe en gras.

La reine avait interrogé son miroir. (..........) Elle **venait** d'apprendre que Blanche-Neige était encore vivante. Elle irait donc tuer elle-même la jeune fille ! (..........)

b. Associe chaque verbe à son temps.

avait interrogé •	• imparfait
venait •	• conditionnel présent
irait •	• plus-que-parfait

bilan **Quel temps permet de raconter des faits qui se sont déroulés avant le moment du récit ? Quel temps permet de raconter des faits qui se sont déroulés après le moment du récit ?**

....

....

Je retiens

1. Pour raconter un **récit au passé**, on peut employer le **passé simple** et l'**imparfait.**
Pour un récit oral ou dans un langage moins soutenu, on peut employer le **passé composé** et l'**imparfait**.

2. On emploie le **plus-que-parfait** pour les faits qui se sont déroulés avant les faits racontés à l'imparfait, au passé simple ou au passé composé.

3. On emploie le **conditionnel présent** pour les faits qui se produiront après les faits racontés à un temps du passé.

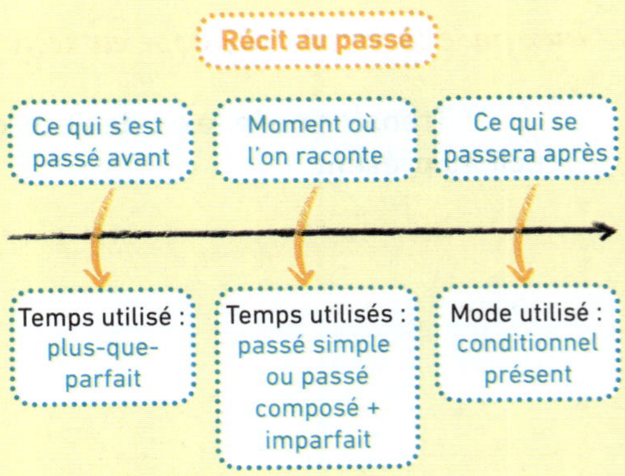

Mon exemple Écris trois phrases de récit au passé en utilisant trois temps.

....

....

Je m'exerce

J'identifie un récit au passé et je retrouve l'ordre des actions

3 * **Encadre le numéro du texte s'il s'agit d'un récit au passé.**

1. L'assemblée a voté en faveur de la loi. De longs débats avaient eu lieu les jours précédents.
2. Brusquement le suspect tourne au coin de la rue et l'enquêteur le perd de vue. Pourtant il le suivait sans problème depuis une heure.
3. Le renard avait été attiré par l'odeur. Il se tenait tapi sous un buisson quand soudain il sauta sur sa proie.

4 a. * **La foudre a-t-elle frappé le chêne avant ou après le moment où l'histoire est racontée ?**

....

b. ** **Surligne le verbe qui t'a permis de répondre. À quel temps est-il conjugué ?**

....

Il y avait autrefois en la forêt de Cernas un gros vieux chêne qui pouvait bien avoir cinq cents ans. La foudre l'avait frappé plusieurs fois, et il avait dû se faire une tête nouvelle, un peu écrasée, mais épaisse et verdoyante.

G. Sand, « Le chêne parlant », *Contes de grand-mère*, 1876.

5 ** **Numérote les actions dans l'ordre dans lequel elles se sont passées.**

1. ..... Louis voyageait en bus. ..... Il était monté quinze minutes auparavant. ..... Il s'arrêterait dans trois stations.
2. ..... Elle se demandait ..... comment ses meubles rentreraient dans sa nouvelle maison si exigüe. ..... Elle avait déménagé sans y réfléchir !
3. ..... Il appela ses parents. ..... Dany avait fini son examen. ..... Il arriverait bientôt à la maison.

Je choisis les temps qui conviennent dans un récit au passé

6 ** **Complète les phrase en conjuguant les verbes entre parenthèses au temps approprié.**

1. Le prince décida de retrouver Cendrillon grâce au soulier qu'elle *(perdre)* .... la veille.
2. Le loup se dépêcha ; ainsi il *(arriver)* .... chez la grand-mère avant le petit Chaperon Rouge.

7 *** **Poursuis ces débuts de récit en ajoutant une phrase. Souligne les verbes que tu utilises et donne leur temps.**

1. Je me suis réveillé, le cœur battant et les mains moites.

....

2. Julien flottait au-dessus des immeubles. Quand il se réveilla, ...

....

Je transforme un récit

8 *** **Transforme ce récit au présent en un récit au passé.**

Il se prépare quelque chose. Le Chien ignore quoi. Pour la première fois depuis de longs mois, ses cauchemars l'ont repris. Mauvais signe. Il s'est réveillé en hurlant. Pomme est venue le chercher. Il s'est rendormi dans son lit.

D. Pennac, *Cabot-Caboche*, © Nathan, 2002.

....

....

....

....

....

J'applique ce que j'ai appris pour écrire

Imagine trois phrases d'un récit au passé contenant ces trois verbes *découvrit* • *avait rencontré* • *raconterait* **et trois indications de temps parmi :** *un jour* • *la veille* • *trois jours avant* • *plus tard* • *l'année suivante* • *le lendemain*.

....

....

....

....

....

....

43 La progression d'un texte

Connaissances et compétences visées

Dans cette leçon, je vais apprendre à :

- ✓ Préparer les étapes de mon texte
- ✓ Faire progresser mon texte en enchainant les idées
- ✓ Organiser mon texte en paragraphes cohérents

J'observe et je manipule

1 Voici le brouillon d'un élève et son récit rédigé. Relie chaque étape du brouillon à la partie correspondante dans le texte rédigé.

1. Pleine lune → reflet dans l'eau •
2. Renart emmène le loup Ysengrin près d'un puits •
3. Lune = fromage •
4. Ysengrin veut aller le chercher → tombe •

C'était une nuit sans nuage et la pleine lune se reflétait dans l'eau. Pour se moquer d'Ysengrin, Renart décida alors de lui jouer un tour.

Le goupil appela le loup : « Ysengrin, viens vite voir ce qui est au fond de ce puits ! J'ai une belle surprise pour toi ! » Curieux, le loup accourut.

Renart lui dit de regarder par-dessus la margelle. « Un gros fromage se trouve au fond ! » s'écria le loup.

Alors Ysengrin décida d'aller le chercher et demanda de l'aide à Renart. Celui-ci l'aida si bien que le loup tomba au fond du puits.

bilan **À quoi servent les paragraphes ?** ....

2 Voici le récit d'un élève.

a. Combien ce récit a-t-il de phrases ? Combien d'actions raconte-t-il ? Entoure le mot qui les relie.

....

> Un moment le cyclope entendit des bruits et il vit Ulysse et ses compagnons et il s'approcha d'eux et il en attrapa deux parce qu'il avait faim.

b. Quels conseils peux-tu donner à cet élève pour améliorer son récit ?

....

....

....

bilan **Voici trois suites possibles pour le récit. Relie chaque texte à la manière dont le récit se poursuit.**

Le texte continue en décrivant le cyclope •

Le texte continue en racontant les actions du cyclope •

Le texte continue en reprenant le dernier élément de la phrase précédente •

• Il n'avait pas mangé depuis plusieurs jours car il n'avait plus de fromages. Ceux-ci étaient fabriqués avec du lait de brebis.

• Le cyclope était gigantesque et c'est pour cela qu'il avait besoin de beaucoup de nourriture.

• Le cyclope commença par manger le plus petit des hommes. Ensuite il coupa le plus grand pour le faire cuire.

Je retiens

1. Un **récit** oral ou écrit doit **progresser en enchainant de manière cohérente (chronologie logique) les actions et les idées**. L'enchainement peut être montré par des mots de liaison. Avant de produire un récit oral ou écrit, il faut **prévoir son organisation** en faisant la **liste des idées principales**.
2. À **l'écrit**, chaque action ou groupe d'actions ou chaque idée constitue **un paragraphe**.
3. À **l'oral**, on indique à l'auditeur qu'on change d'idée ou d'action par **une courte pause**.

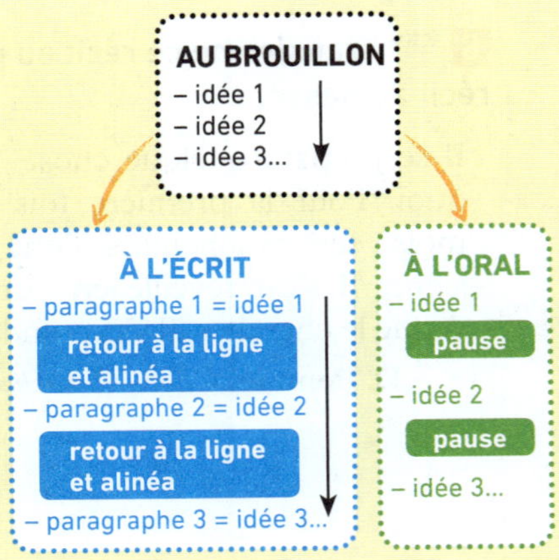

Mon exemple Écris les deux conseils que tu suivras lors de ta prochaine rédaction.

....

Je m'exerce

Je repère la progression d'un texte

3 * **Coche le titre correspondant le mieux au texte.**

Le Quidditch est le sport le plus populaire chez les sorciers. Il se joue avec des balais volants sur un terrain ovale. Chaque équipe comprend huit joueurs : un capitaine, trois poursuiveurs, un gardien, deux batteurs et un attrapeur. Dans l'équipe de Gryffondor, ce poste est tenu par Harry Potter. Une partie se joue avec trois balles différentes.

❍ Harry Potter, joueur de Quidditch
❍ La coupe du monde de Quidditch
❍ Qu'est-ce que le Quidditch ?

4 ** **Dans les phrases, souligne l'élément qui n'est pas cohérent avec le reste.**

1. Le monstre retenait Andromède prisonnière. Au même moment, Andromède fut libérée.

2. Junon poursuivit Io jusqu'en Égypte. Arrivée en Mésopotamie, Io était épuisée.

3. Le soir, Persée arriva au domaine d'Atlas et lui demanda l'hospitalité. Ce matin-là Atlas eut peur que Persée ne lui dérobe ses pommes d'or et le chassa.

5 ** **Voici un début de récit :** *Après avoir perdu ses compagnons, Bilbo arriva dans une inquiétante forêt.*
Quel texte poursuit le récit en racontant les actions de Bilbo ? ....

1. Cette forêt, au loin, était étrange : les arbres étaient nus et aucune lumière ne parvenait jusqu'à Bilbo. Celui-ci commençait à être très inquiet pour ses compagnons. Ils avaient disparu depuis deux jours.
2. Il s'arma aussitôt d'un lourd bâton. Puis il s'enfonça entre les arbres et prêta l'oreille au moindre bruit.
3. Celle-ci n'était constituée que d'arbres dépouillés, aux branches tordues. Aucun arbre ne semblait vivant et une odeur de bois pourri flottait dans l'air.

J'organise mon texte et je le fais progresser

6 * **Ce texte n'a pas de paragraphe. Indique par des barres obliques (/) les endroits où il faut aller à la ligne.**

Et, là-dessus, les deux correspondants se séparèrent, assez contents, en somme, de savoir que l'un n'avait pas distancé l'autre. En ce moment, les portes des salles contiguës au grand salon furent ouvertes. Les invités du Palais-Neuf commencèrent alors à se diriger vers les salles du souper. À cet instant, le général Kissoff, qui venait de rentrer, s'approcha rapidement de l'officier des chasseurs de la garde.

D'après **J. Verne**, *Michel Strogoff*, 1876.

7 ** **Ajoute deux phrases à chaque début de récit en reprenant la dernière idée.**

1. Le corbeau se posa en haut d'un arbre pour manger son fromage.

....
....
....

2. Un matin arriva une étrange lettre.

....
....
....

Je rédige un portrait

8 ** **Développe chaque idée de façon à écrire, en deux paragraphes, le portrait d'un personnage féminin ou masculin.**

Physique : très petit, roux, un ventre rebondi
Caractère : joyeux, gourmand

....
....
....
....
....
....

J'applique ce que j'ai appris pour écrire

Voici le brouillon d'une rédaction racontant la construction de l'arche par Noé : 1. dessiner les plans **2.** découper les planches **3.** clouer les planches ensemble **4.** rendre étanche la coque.

Rédige le récit, bien organisé, correspondant.

....
....
....
....
....
....

Connaissances et compétences visées

Dans cette leçon, je vais apprendre à :

- ✔ Reconnaitre les indicateurs temporels et logiques pour trouver l'ordre des actions et les liens entre elles
- ✔ Utiliser ces mots pour organiser mes textes

44 Les mots qui organisent le récit

J'observe et je manipule

1 Les étapes de ce récit ont été mélangées. Classe-les dans l'ordre.

Quatre animaux surprennent des brigands dans une maison abandonnée et cherchent un moyen de les chasser.

....	L'âne se dressa d'abord en posant ses pieds de devant sur la fenêtre, le chien monta sur le dos de l'âne, le chat grimpa sur le chien, le coq vola sur la tête du chat.
....	Alors les quatre compagnons s'assirent à table et mangèrent gloutonnement.
....	Puis ils se précipitèrent par la fenêtre en enfonçant les carreaux qui volèrent en éclats. Les voleurs se levèrent en sursaut et se sauvèrent tout épouvantés dans la forêt.
....	Cela fait, ils commencèrent ensemble leur musique. L'âne se mit à braire, le chien à aboyer, le chat à miauler, le coq à chanter.

D'après les **Frères Grimm**, *Les Musiciens de la ville de Brême*, trad. F. Baudry, 1864.

bilan Quels mots servent à indiquer l'ordre des actions ?

....

....

2 Voici un récit qui n'est pas raconté en suivant l'ordre chronologique.

Ce fut un mercredi que le vieux Milo découvrit le panier avec l'enfant endormi. Trois jours auparavant il avait trouvé un mystérieux message anonyme annonçant l'arrivée du garçonnet. Au début Milo avait ronchonné. Mais une semaine plus tard, il ne cessait de faire des sourires au bébé.

Remets les faits dans l'ordre sur l'axe :

1. découverte du bébé par Milo 2. Arrivée du message 3. Sourires de Milo

Dimanche — Lundi — Mardi — Mercredi — Jeudi — Vendredi — Samedi — Dimanche — Lundi — Mardi — Mercredi →

bilan Pourquoi les repères temporels sont-ils importants ?

....

3 Complète les phrases à l'aide de ces mots : *pour que • mais • afin que • pourtant • car • parce que*.

1. Les parents du Petit Poucet abandonnèrent leurs enfants .... ils ne pouvaient les nourrir.
2. La fée transforme une citrouille en carrosse .... Cendrillon aille au bal.
3. La Bête avait l'apparence d'un monstre, ... la Belle en tomba amoureuse.

bilan Pour **expliquer la cause, les raisons,** on utilise ....

Pour **indiquer un but,** on utilise ....

Pour **exprimer une opposition,** on utilise ....

Je retiens

1. Les **repères temporels** sont des mots qui organisent le récit en structurant les différentes étapes de l'histoire. Certains donnent des indications sur l'**ordre** et la **durée des actions** dans le temps.
2. Les **connecteurs logiques** indiquent la **relation logique** entre des actions.
3. Les repères peuvent être associés aux paragraphes.

Repères temporels
- Ordre des évènements : d'abord, ensuite, puis...
- Date des évènements : en été, le 15 septembre, en 2016
- Durée des évènements : pendant, durant

Connecteurs logiques
- L'opposition : mais, pourtant
- La cause : parce que, car
- Le but : pour, afin que

Mon exemple Écris une phrase contenant « puis » et « parce que ».

....

....

Je m'exerce

Je reconnais les repères temporels

4 * **Lis cet extrait de *Peau d'âne*.**

D'abord elle se décrassa,
Les mains, les bras et le visage,
Et prit un corps[1] d'argent que vite elle laça
Pour dignement faire l'ouvrage
Qu'aussitôt elle commença.

C. Perrault, *Contes en vers*, 1694.

1. un corps : un habit qui entoure le buste.

a. Entoure le mot qui marque le début d'une action.

b. Indique l'ordre des actions suivantes :

.... elle s'habille

.... elle se met au travail

.... elle se lave

5 * **Classe les connecteurs temporels dans la bonne colonne.**
jadis • ensuite • peu après • auparavant • en même temps • puis • finalement • la semaine précédente • simultanément

se produit avant	se produit après	se produit en même temps

6 ** **Souligne en rouge les repères temporels et en vert les connecteurs logiques.**

1. Le seigneur des aigles décida d'aider les compagnons du magicien Gandalf car plusieurs années auparavant le magicien l'avait sorti d'un piège.
2. Après la mort du dragon, Bilbo put rentrer chez lui. Il se mit alors à écrire ses aventures.
3. Pendant un concours d'énigmes, Bilbo a gagné l'anneau de Gollum mais celui-ci veut le récupérer.

Je sais utiliser les repères

7 * **Complète les phrases avec le bon connecteur.** *car • mais • ensuite • pendant l'été 2017*

1. Pense à prendre ton bonnet .... il neige ce matin.
2. Je n'ai pas lu ce roman .... j'en ai lu un autre du même auteur.
3. Nous avons déménagé ....
4. Le photographe a d'abord placé son modèle, ... il a installé son matériel, enfin il a pris une série de clichés.

8 * **Quel connecteur de même sens peux-tu employer à la place de celui en gras ?**

1. Finis tes devoirs. **Ensuite** tu pourras faire du vélo. ....
2. Le bateau a replié ses voiles **pour** entrer dans le port. ....
3. **Durant** l'hiver, des avalanches se sont produites en montagne. ....

9 ** **Relie les couples de phrases grâce à des repères temporels ou des connecteurs logiques.**

1. Ce matin, il fait froid. .... le soleil brille.
2. Mélangez le sucre et les œufs. .... versez le lait.
3. Jules est à l'hôpital .... il s'est cassé la jambe.

J'emploie des connecteurs logiques

10 *** **Imagine trois suites à cette phrase en respectant la relation logique demandée.**

Orphée est descendu aux Enfers...

1. (repère temporel de date) : ....
2. (connecteur de cause) : ....
3. (connecteur de but) : ....

J'applique ce que j'ai appris pour écrire

Voici le début d'une histoire. Invente les étapes suivantes en respectant les connecteurs donnés.

Tous les matins, Octavio partait dans la campagne arpenter les chemins.

1. Mais un jour ....
2. Puis ....
3. Quelque temps après ....
4. Enfin ....

45 La ponctuation

Connaissances et compétences visées

Dans cette leçon, je vais apprendre à :

✔ Connaitre les principaux signes de ponctuation
✔ Utiliser la ponctuation en fonction du sens voulu et de la syntaxe
✔ Distinguer le récit des paroles

J'observe et je manipule

1 Voici un texte reproduit deux fois.

L'ogre arriva à la porte de la maison, une hache à la main avec assurance le Petit Poucet l'attendit caché derrière la porte. Son frère le suivit avec crainte. L'ogre poussa la porte sans peur le Petit Poucet s'avança. La hache frappa. Tout fut terminé.

L'ogre arriva à la porte de la maison, une hache à la main avec assurance le Petit Poucet l'attendit caché derrière la porte. Son frère le suivit avec crainte. L'ogre poussa la porte sans peur le Petit Poucet s'avança. La hache frappa. Tout fut terminé.

a. Ponctue le texte de gauche de sorte que l'ogre soit vainqueur du Petit Poucet. Ponctue le texte de droite de sorte que le Petit Poucet soit vainqueur.

b. Quels signes de ponctuation as-tu utilisés ? Sont-ils les mêmes dans tes deux textes ?

....

bilan Quel rôle joue la ponctuation que tu as ajoutée ? ....

....

2 Ajoute la ponctuation aux phrases et surligne les indices qui t'ont aidé-e à la choisir.

Quelle magnifique journée ..... Que diriez-vous de faire un pique-nique ..... J'apporte une tarte ..... Apportez une nappe ..... des couverts et des verres .....

bilan Quels signes de ponctuation as-tu placés à la fin des phrases ? À l'intérieur des phrases ?

....

....

....

3 a. Surligne les signes de ponctuation qui indiquent les paroles.

b. Quel est le signe utilisé entre les mots en gras ? Pourquoi est-il utilisé ? ....

....

....

bilan Quels sont les signes de ponctuation des paroles rapportées ?

....

Un homme était entré, et la flamme qui l'avait éclairé en plein m'avait montré qu'il était vêtu d'une blouse blanche et qu'il tenait à la main un gros bâton.
« On fait la fête ici ? Ne vous gênez pas, **dit-il** d'un ton rude.
– Ah ! mon dieu ! s'écria mère Barberin en posant vivement sa poêle à terre, c'est toi, Jérôme ? »

H. Malot, *Sans famille*, 1878.

Je retiens

1. La ponctuation sert à **structurer** un texte et donc à en faciliter la compréhension. Elle aide à distinguer le dialogue du récit.
2. Les signes de **ponctuation forte** **. ? !** terminent les phrases et indiquent leur type : interrogatif, exclamatif...
3. Les signes de **ponctuation faible** **, ; :** séparent les mots et les propositions.
4. Le début et la fin des **paroles** sont indiqués par des guillemets **« »** et le changement de locuteur est indiqué par le tiret **–**.

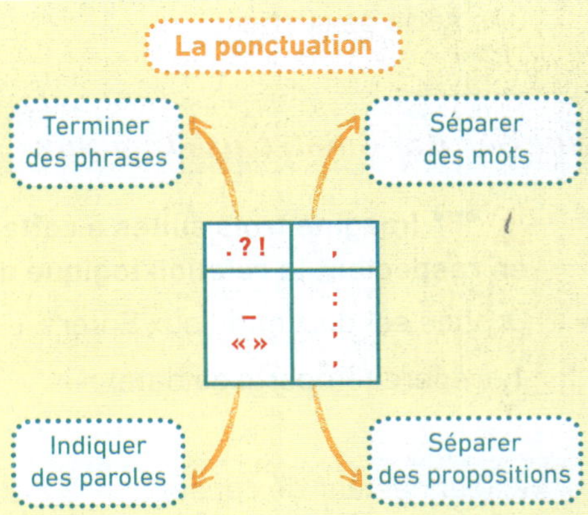

Mon exemple Rédige une phrase avec trois signes de ponctuation différents.

....

Je m'exerce

Je connais les signes de ponctuation

4 * **Surligne les phrases qui sont bien ponctuées.**

1. Le loup, le renard. Et la cigogne sont des personnages de fable. / Le loup, le renard et la cigogne sont des personnages de fable.
2. Le corbeau est sensible à la flatterie du renard. / Le corbeau est sensible, à la flatterie du renard.
3. La cigale se retrouve sans nourriture. Car elle n'est pas prévoyante. / La cigale se retrouve sans nourriture car elle n'est pas prévoyante.

5 ** **Justifie l'emploi de chaque signe de ponctuation.**

1. Au marché, tu achèteras des poires, des pommes et des noix. ……………

……………

……………

2. Qu'il fait chaud ! ……………

3. Combien ce pull coute-t-il ?

……………

6 * **Surligne les paroles des personnages. Quels signes de ponctuation te permettent de les identifier ?**

……………

……………

……………

Bien que la table fût très grande, ils étaient tous trois serrés l'un contre l'autre à un des coins.
« Il n'y a pas de place ! Il n'y a pas de place ! crièrent-ils en voyant Alice.
– Il y a abondance de place », dit Alice indignée, et elle s'assit dans un large fauteuil à l'un des bouts de la table.

L. Carroll, *Alice au pays des merveilles*, trad. H. Bué, 1869.

Je sais utiliser la ponctuation

7 * **Ajoute la ponctuation forte à ces phrases.**

1. Peux-tu m'apporter un verre d'eau, s'il te plait……
2. Je meurs de soif……
3. Comme il fait beau aujourd'hui……
4. J'ai retrouvé votre chapeau……

8 ** **Ponctue le poème.**

Vous y dansiez …… petite fille……
Y danserez-vous mère-grand……
C'est la maclotte[1] qui sautille……
Toutes les cloches sonneront……
Quand donc reviendrez-vous…… Marie……

G. Apollinaire, « *Marie* », Alcools, 1913.

1. une danse

9 *** **Surligne les paroles et rétablis la ponctuation manquante.**

Phileas Fogg appela Passepartout…… Passepartout…… Passepartout ne répondit pas.
…… Passepartout…… reprit Mr. Fogg sans élever la voix davantage. Passepartout se montra.
…… C'est la deuxième fois que je vous appelle, dit Mr. Fogg.
…… Mais il n'est pas minuit, répondit Passepartout, sa montre à la main……

D'après **J. Verne**, *Le Tour du monde en 80 jours*, 1873.

J'utilise la ponctuation pour créer du sens

10 ** **Réécris les phrases en changeant la ponctuation afin d'en changer le sens.**

1. Venez manger, les enfants !
2. Passe à la maison avec ton mari et tes enfants. Dans le frigo, il y a tout ce qu'il faut pour diner.
3. L'extra-terrestre posa son vaisseau. Dans mon salon, je regardais la télévision.

……………

……………

……………

……………

……………

J'applique ce que j'ai appris pour écrire

Voici des structures de phrases dont il ne reste que la ponctuation. Invente un texte en les respectant.

……………

……………

……………

……………

J'évalue mes acquis — Organiser un texte

As-tu bien compris les leçons sur le texte ? Vérifie en lisant cet extrait et en répondant aux questions d'un des trois groupes.

Bilbo le Hobbit

Le Hobbit Bilbo, en mission pour le magicien Gandalf, arrive au cœur d'une montagne où habite Gollum, un être monstrueux qui vit seul avec un anneau magique…

En fait, Gollum vivait sur un îlot de roche visqueuse au milieu du lac. À présent, il guettait Bilbo de loin, ses yeux semblables à des longues-vues. […]

Il monta dans sa barque et quitta son île en toute hâte, tandis que Bilbo restait assis au bord de l'eau (et du découragement), profondément troublé. Soudain, Gollum apparut et siffla en un murmure :

« Qu'on nous éclaboussse, mon trézzzzor ! Ce doit être un morceau de choix ; du moins ça nous ferait une bouchée succulente, ça, Gollum ! » Et en disant Gollum il produisit un affreux bruit de déglutition dans sa gorge. C'est de là qu'il tenait son nom, même s'il se désignait toujours lui-même en disant « mon trésor ».

Le Hobbit tressaillit violemment quand le sifflement parvint à ses oreilles, et tout à coup il aperçut les yeux luminescents fixés sur lui. […]

« Je suis M. Bilbo Bessac. J'ai perdu les nains, j'ai perdu aussi le magicien ; je ne sais plus où je suis et je ne veux pas le savoir, seulement partir d'ici. »

« Qu'essst-ce qu'il a dans ses mains ? » dit Gollum en regardant l'épée, qui ne lui plaisait pas trop.

« Une épée, une lame forgée à Gondolin ! »

« Sssss », fit Gollum, et il devint tout à coup très poli. « P'têt' si vous restez là qu'on causerait un peu avec lui, mon trézzzor. Il aime les énigmes, p'têt' que oui, hein ? ».

J. R. R. Tolkien, *Le Hobbit*, trad. D. Lauzon, © Christian Bourgois éditeur, 2012.

Groupe 1

Je repère

1. a. Fais les bonnes associations.

L'auteur •	• Bilbo
Les personnages •	• Tolkien
	• Gollum

b. Lis le premier paragraphe. Le narrateur est-il est un personnage de l'histoire ? ……………………

Justifie ta réponse. ……………………

2. a. Entoure deux éléments qui prouvent que la phrase l. 26-28 est extraite d'un dialogue.

b. Le temps utilisé dans les paroles est :

❍ le présent ❍ l'imparfait ❍ le passé simple

3. a. À quels temps est raconté le récit lignes 5-7 ?

❍ au présent ❍ à l'imparfait et au passé simple

❍ à l'imparfait et au passé composé

b. Surligne le repère temporel de ce paragraphe.

Je manipule

4. De quel type de phrase s'agit-il ? ……………………

« Qu'essst-ce qu'il a dans ses mains ? »

Réécris-la dans un niveau de langue soutenu.

……………………

5. Dans le 2e paragraphe, encadre le GN qui reprend « un îlot de roche visqueuse » (l. 1-2). **Propose un autre GN.** ……………………

6. Réécris la 1re phrase avec Gollum comme narrateur. ……………………

……………………

J'écris

7. Écris en quelques lignes la réponse que Bilbo fait à Gollum après sa dernière question. Pense à bien ponctuer et à utiliser le temps identifié à la question 2.

Groupe 1, 2 ou 3 : *je rédige en respectant la consigne 7*

……………………

……………………

……………………

……………………

……………………

……………………

……………………

Pédagogie différenciée

Groupe 2

Je repère

1. a. Fais les bonnes associations.

L'auteur •	• Bilbo
Les personnages •	• Tolkien
	• Gollum

b. Lis le premier paragraphe. Le narrateur :

❍ est un personnage de l'histoire.

❍ ne fait pas partie de l'histoire.

Justifie ta réponse. ....

2. Dans le deuxième paragraphe, encadre le repère temporel qui marque l'arrivée de Gollum.

3. Surligne les dialogues, et entoure ce qui t'a permis de les repérer.

Je manipule

4. Réécris la 1re phrase afin que le narrateur soit Gollum. ....

....

5. Encadre le GN repris par le pronom souligné.

« Le Hobbit tressaillit violemment quand le sifflement parvint à ses oreilles, et tout à coup <u>il</u> aperçut les yeux luminescents fixés sur lui. »

Invente un GN qui pourrait remplacer ce nom.

....

6. Réécris cette phrase pour qu'elle soit correcte et en langage soutenu. « P'têt si vous restez là qu'on causerait un peu avec lui, mon trézzzor. »

....

....

J'écris

7. Continue le texte du premier paragraphe en quelques lignes, en racontant ce qu'observe Gollum et ce que fait Bilbo. Pense à garder les mêmes temps et le même narrateur et emploie deux désignations différentes pour Gollum.

....

....

....

....

....

....

....

Groupe 3

Je repère

1. a. Fais les bonnes associations.

L'auteur •	• Bilbo
Les personnages •	• Tolkien
	• Gollum

b. Lis le premier paragraphe. Le narrateur :

❍ est un personnage de l'histoire

❍ ne fait pas partie de l'histoire.

Justifie ta réponse. ....

2. Dans les paragraphes 1 et 2, encadre les repères temporels.

3. Repère la première prise de parole et complète : Dans cette réplique, ... s'adresse à ....

Je manipule

4. L. 17-18, entoure les repères temporels. Cite deux connecteurs de même sens.

....

5. Cite les GN que remplacent les pronoms soulignés. « P'têt si vous restez là qu'<u>on</u> causerait un peu avec <u>lui</u>, mon trézzzor. <u>Il</u> aime les énigmes, p'têt que oui, hein ? »

....

....

6. Réécris cette phrase pour qu'elle soit correcte et en langage soutenu. « P'têt si vous restez là qu'on causerait un peu avec lui, mon trézzzor. »

....

....

J'écris

7. Au brouillon, fais une liste des actions des personnages dans les paragraphes 1 et 2. Raconte ensuite ces actions dans un récit au présent dont Bilbo sera le narrateur. Emploie deux désignations différentes pour Gollum.

Compétences évaluées J'évalue mes acquis en complétant chaque smiley.	🙂 😐 🙁
1. J'ai repéré les éléments qui organisent le texte.	
2. J'ai distingué auteur, narrateur et personnages.	
3. J'ai repéré les désignations des personnages.	
4. J'ai utilisé les types et formes de phrase.	
5. J'ai su employer les niveaux de langue.	

Méthode — Comprendre une consigne

Dans cette double page, tu vas apprendre à te repérer dans un exercice et à mieux comprendre le travail demandé par les consignes.

1. Distinguer énoncé et consigne

Étape 1 Je repère l'énoncé et la consigne

a. Voici sept extraits d'exercices d'un manuel. Lis les attentivement.

1. Les groupes de mots en gras sont-ils des sujets ? Justifie ta réponse.

2.

	1re lettre	2e lettre	3e lettre	4e lettre
Qui écrit ?				
À qui ?				
La lettre arrive-t-elle à son destinataire ?				

3. En une page, raconte le combat d'un jeune héros ou d'une jeune héroïne contre un monstre qui terrifie la population de son pays.

4. Voici des phrases correctes. 1. Merci. 2. Sortez ! 3. Oui. 4. Victoire de l'équipe de France de ski sur gazon.

5. Il était une fois une reine qui accoucha d'un fils très laid et très mal fait. Une fée assura que l'héritier du trône aurait beaucoup d'esprit et que cet être si intelligent pourrait donner autant d'esprit qu'il en aurait à celle qu'il aimerait le mieux. Tout cela consola un peu la pauvre reine d'avoir mis au monde ce si vilain marmot.

D'après **C. Perrault**, « Riquet à la houpe », 1697.

6. Décris cette image.

7. Quel sentiment devrait ressentir Bilbo dans cette situation ? Que ressent-il au contraire ?

b. Classe le numéro de chaque extrait dans le tableau.

Extraits qui contiennent des informations	Extraits qui disent aux élèves ce qu'ils doivent faire

c. Quels types de phrase les extraits de la 2e colonne présentent-ils ?

....

→ Si besoin, voir la leçon 34 de ce cahier.

Méthode

Les différents exercices qui te sont donnés sont souvent constitués de deux parties : l'énoncé et la consigne.

1. **L'énoncé** donne des informations. Il peut s'agir d'un texte, un tableau, une liste, un graphique, une image, un nombre, une figure géométrique...
2. **La consigne** indique la tâche à effectuer. Elle peut être rédigée sous forme de question (phrase interrogative) ou d'un ordre (phrase injonctive).

Étape 2 Je m'entraine

a. Lis les deux exercices suivants.

A. Voici le récit d'un élève :
Un moment le Cyclope entendit des bruits et il vit Ulysse et il se dit qu'il n'était pas tout seul parce qu'il y avait d'autres hommes et il s'approcha d'eux et en attrapa pour les manger.
Compte le nombre de phrases de ce récit et le nombre d'actions racontées. Que constates-tu ?
Entoure le mot qui relie les actions entre elles.

B. Conjugue chaque verbe à la 3e personne du singulier au présent de l'indicatif.
Exemple : reculer > il/elle recule.
Verbes : *voler • trouer • soupirer • signaler • receler • geler • flairer • éclairer • désirer • dégeler • clouer • calculer.*

b. Souligne en bleu les énoncés, en vert les consignes.

c. Surligne la consigne qui est une phrase interrogative.

2. Comprendre ce qu'il faut faire

Étape 3 Je repère les tâches à effectuer

a. Lis ces consignes. Souligne les mots qui te disent ce que tu dois faire.
À quelle classe grammaticale appartiennent-ils ? ....

a. Entraine-toi à lire le poème en mettant en valeur son rythme et ses sonorités.

b. Pour chaque strophe, imagine les bruits et les odeurs évoqués.

c. Recopie le poème. Illustre-le en mettant en valeur les sensations olfactives.

b. Indique dans quel ordre il faut faire les tâches, certaines peuvent être à faire en même temps.

Ex. Réécris (1) la phrase en remplaçant (1) le nom par un pronom. Mets (2) ta phrase au pluriel.

Étape 4 J'associe les consignes qui demandent de faire la même tâche dans plusieurs disciplines

Associe chaque tâche à l'énoncé de français correspondant (à gauche) puis à l'énoncé d'une autre matière qui demande d'effectuer le même type de tâche (à droite).

Énoncés dans les exercices de français	Tâches	Énoncés dans d'autres matières
1. Trie les noms selon qu'ils sont masculins ou féminins. •	• Justifier •	• Regarde cette photographie de paysage.
2. Chantecler te parait-il méfiant ? Cite le texte pour justifier ta réponse. •	• Classer •	• Range les nombres suivants par ordre croissant.
3. Dans le texte, surligne trois adjectifs. •	• Compléter •	• Les droites *(d1)* et *(d2)* sont-elles parallèles ? Justifie en citant une propriété.
4. Ajoute la ponctuation et les majuscules qui ont disparu. •	• Observer •	• À l'aide des documents, cite trois animaux qui hibernent.
5. Observe le tableau de C. Monet pour trouver les points communs avec le poème. •	• Relever •	• Choisis le bon pronom *I*, *you*, *he* ou *she* pour compléter les phrases suivantes.

Méthode

S'il y a plusieurs verbes dans une consigne, il faut identifier les différentes tâches et l'ordre dans lequel les effectuer.
Certaines tâches sont les mêmes dans différentes disciplines : classer, compléter, justifier…

Étape 5 Je m'entraine

a. Lis les six consignes de ce tableau. Entoure les verbes qui indiquent la tâche à effectuer.

1. Observe la photographie : le metteur en scène a choisi de représenter le père par une marionnette et le sorcier par un acteur. Pourquoi, selon toi ?	4. Trouve dans le texte les synonymes des mots suivants : « s'esclaffer », « dangers », « réserves ».
2. Relève les mots qui désignent Cœur de Lion dans le dernier paragraphe.	5. Recopie et complète les phrases avec *ce dernier, qui, l'un, l'autre.*
3. Écoute cet enregistrement de rafales de vent. Entends-tu le souffle du vent, pareil à des vagues qui vont et viennent ? Le rythme est-il régulier ?	6. Invente des phrases dans lesquelles tu insèreras ces attributs déjà accordés.

b. Certaines consignes proposent le même type d'exercice. Encadre de la même couleur le numéro des consignes semblables.

Entrainement final

a. Dans cet exercice, surligne en bleu l'énoncé et souligne les consignes.

Quand la magicienne voulait entrer, elle se tenait au bas et appelait :
« Raiponce, Raiponce, dénoue et lance vers moi tes cheveux ! ».
Raiponce avait de longs et splendides cheveux fins et filés comme de l'or. Lorsque la voix de la magicienne lui parvenait, elle dénouait ses nattes, les passait autour d'un crochet de la fenêtre et les laissait tomber vingt pieds plus bas.

Les frères Grimm, « Raiponce » trad. R. Bories.

Observe le genre et le nombre du GN *« ses nattes »*.
Complète-le en ajoutant un adjectif bien accordé.

b. Lis la réponse d'un élève. Explique ce qu'il n'a pas respecté dans la consigne.

J'observe que le GN « ses nattes » est au féminin pluriel.

……………………………………………………………………
……………………………………………………………………

c. Invente deux nouvelles consignes à partir de l'énoncé : une question et un ordre. Encadre le(e) verbe(s) de tâche que tu utilises.

……………………………………………………………………
……………………………………………………………………
……………………………………………………………………
……………………………………………………………………
……………………………………………………………………
……………………………………………………………………

Mon auto-évaluation
Je relis ma production pour m'auto-évaluer en complétant chaque smiley.

1. Je sais distinguer énoncé et consigne.	☺
2. J'ai repéré les verbes de tâche.	☺
3. J'ai compris dans quel ordre effectuer les tâches.	☺

Méthode Comprendre un texte grâce à des questions

Dans cette double page, tu vas à apprendre à connaitre les types de questions que l'on peut te poser sur un texte et le travail de lecture qu'elles te demandent.

Loup-Garou

Antoine entre en courant dans la classe. Il est en retard, comme d'habitude.

– Monsieur, monsieur ! crie-t-il encore tout essoufflé, cette nuit j'ai vu un loup-garou.

– À la télé ? demande Céline.

– Mais non, en vrai.

– Oh, arrête tes conneries, dit Fabien.

– Il veut faire l'intéressant, dit Valérie.

– Hou… hou… hou… loup-garou ! hurle Damien, pour rire.

Le maître, lui, enfonce son bonnet sur ses oreilles.

– Mais si, je vous jure, dit Antoine. Il était habillé comme un homme, mais j'ai vu ses pattes toutes poilues avec des griffes longues comme ça !

– Et il avait du vernis sur ses ongles ? demande Aline en se tordant de rire.

Toute la classe s'esclaffe bruyamment.

Le maître, lui, de ses mains gantées de noir, redresse le col de son manteau.

Antoine s'énerve :

– Puisque je vous dis que je l'ai vu ! Même qu'il avait des oreilles pointues et deux grandes dents, là, comme un loup. Et ses yeux ! Tout rouges, comme du feu ! J'ai eu une de ces trouilles quand il m'a couru après ! Je me demande comment j'ai pu lui échapper…

Mais plus personne ne l'écoute. Il attend un instant, puis s'assied, déçu à sa place.

– Taisez-vous ! crie le maître d'une voix rauque, animale. Les yeux cachés derrière d'épaisses lunettes noires, il regarde Antoine fixement et marmonne entre ses dents :

– Toi, la prochaine fois, je ne te louperai pas !

B. Friot, *Nouvelles histoires pressées*, Milan, 1992.

1. Comprendre et associer ce qui est dit dans le texte

Étape 1 Je repère des indices pour répondre

a. Voici des questions et les bonnes réponses qu'un élève a données. Pour chaque réponse, souligne dans le texte, avec la couleur indiquée, ce qui a permis à l'élève de répondre.

1. Où arrive Antoine ?
Antoine arrive dans la classe. (en bleu)

2. Quelle est la réaction de la classe quand Antoine dit qu'il a vu un loup-garou ?
La classe ne croit pas Antoine, rit bruyamment et se moque de lui. À la fin, elle ne s'intéresse plus à ce qu'il raconte. (en rouge)

3. Comment le maitre est-il habillé ?
Le maitre a un bonnet, des gants noirs, un manteau avec un col et d'épaisses lunettes noires. (en noir)

4. Comment étaient les pattes du loup-garou qu'Antoine pense avoir vues ?
Les mains du loup-garou étaient toutes poilues avec de longues griffes. (en vert)

b. Dans la réponse 2, quel mot l'élève a-t-il employé à la place de « *s'esclaffer* » ? Pourquoi a-t-il bien fait de reformuler ainsi ?

....

....

Étape 2 Je différencie les différents types de questions

Classe les quatre questions précédentes dans le tableau en observant les éléments que tu as soulignés dans le texte.

	Numéros de question
La réponse est à reprendre directement dans le texte.	
Il faut rechercher à plusieurs endroits du texte pour répondre.	

Méthode

Pour répondre à des questions sur un texte, il faut d'abord identifier le type de tâche à effectuer.

1. Certaines questions demandent de prélever un élément du texte et de le recopier sans changement.
→ **questions de prélèvement**

2. D'autres questions demandent de repérer plusieurs éléments à différents endroits du texte. Il faut ensuite réunir ces éléments et les reformuler avec ses propres mots pour donner la réponse.
→ **questions de mise en relation**

2. Comprendre ce qui est sous-entendu dans un texte

a. Voici une question et la bonne réponse d'un élève. Surligne ce qui lui a permis de répondre.

Selon toi, Antoine a-t-il vraiment vu un loup-garou ?

Antoine a vu un loup-garou car c'est son maitre. Celui-ci cache son corps de loup-garou avec des vêtements. De plus sa voix n'est pas humaine. Enfin la dernière phrase nous fait comprendre qu'il a poursuivi Antoine.

b. Comment l'élève a-t-il fait pour répondre ? Il a :

❍ recopié un mot du texte.
❍ utilisé ce qu'il sait des loups-garous.
❍ mis en relation des indices répartis dans le texte.
❍ a recopié plusieurs éléments du texte.
❍ compris ce qui n'était pas dit clairement dans le texte mais seulement sous-entendu.

Méthode

Un texte ne dit jamais tout. C'est donc au lecteur de trouver ce qui est **sous-entendu**, implicite.
Certaines questions servent à vérifier qu'on sait comprendre ce qui est sous-entendu. Il faut alors réfléchir à partir d'informations réparties dans le texte et utiliser ses propres connaissances afin d'expliciter avec ses propres mots ce que veut dire le texte. → **questions d'explicitation**

3. Anticiper les difficultés

a. Lis ce texte.

En une soirée, l'éventreur de pneus fait 58 victimes.
La police a interpellé jeudi soir un cycliste ivre, auteur de la crevaison de 58 pneus… […] Il était en tout cas très décidé à ne laisser aucune chance aux pneus des voitures garées dans la rue Pharaon. […] Il crevait méthodiquement les quatre pneus des véhicules stationnés. Au total il a ainsi vandalisé plus de 14 voitures.

B. Colin, *20 minutes*, 6 janvier 2017.

b. Voici des questions et les réponses fausses qu'un élève a données.
Trouve la raison pour laquelle l'élève a fait des erreurs en reliant ses réponses aux propositions de droite.

Pourquoi l'homme a-t-il été arrêté ?
L'homme a été arrêté car il tué 58 personnes. •

Connait-on le nom de l'homme arrêté ?
On le connait. Il s'appelle Pharaon. •

Combien de voitures l'homme a-t-il abimées ?
L'homme a abimé 58 voitures. •

- L'élève a cherché le premier nom propre.
- L'élève a cherché un chiffre, n'importe lequel.
- L'élève n'a pas compris que « vandaliser » veut dire « abimer ».
- L'élève a seulement lu le titre de l'article.

Méthode

Afin de répondre de façon juste à des questions il faut veiller à :
– **ne pas lire des mots de manière isolée**, mais relire des phrases et se faire dans sa tête le « film » de ce que raconte le texte ;
– **comprendre les mots des questions**, par exemple en cherchant des synonymes.

Entrainement final

Sinbad et ses compagnons viennent d'arriver sur une île paradisiaque.
Pendant que nous nous délassions de la sorte, nous sentîmes tout à coup l'île trembler dans toute sa masse et nous donner une secousse si rude que nous fûmes projetés à quelques pieds au-dessus du sol. Et, au même moment, nous vîmes apparaître à l'avant du navire le capitaine qui, d'une voix terrible et avec des gestes effrayants, nous cria : « Ô passagers, sauvez-vous ! Hâtez-vous ! Remontez-vite à bord ! […] Courez vite ! Car l'île sur laquelle vous vous trouvez n'est point une île. C'est une baleine gigantesque ! »

Contes des Mille et Une Nuits, « Histoire de Sinbad le marin », trad. J. Ch. Marchus, Livre de Poche jeunesse, 2002.

Invente trois questions auxquelles tu répondras.
• une question dont la réponse sera un élément présent dans le texte (**prélèvement**).
• une question dont la réponse devra réunir plusieurs éléments du texte (**mise en relation**).
• une question qui demandera de comprendre ce qui est sous-entendu (**explicitation**).

……………………………………………
……………………………………………
……………………………………………
……………………………………………
……………………………………………
……………………………………………

Mon auto-évaluation
Je relis ma production pour m'auto-évaluer en complétant chaque smiley.

1. Je sais identifier une information.	
2. J'ai mis en relation des éléments d'un texte.	
3. Je comprends ce qui est sous-entendu.	

Faire un brouillon

Dans cette double page, tu vas apprendre à utiliser un brouillon pour préparer un travail rédigé.

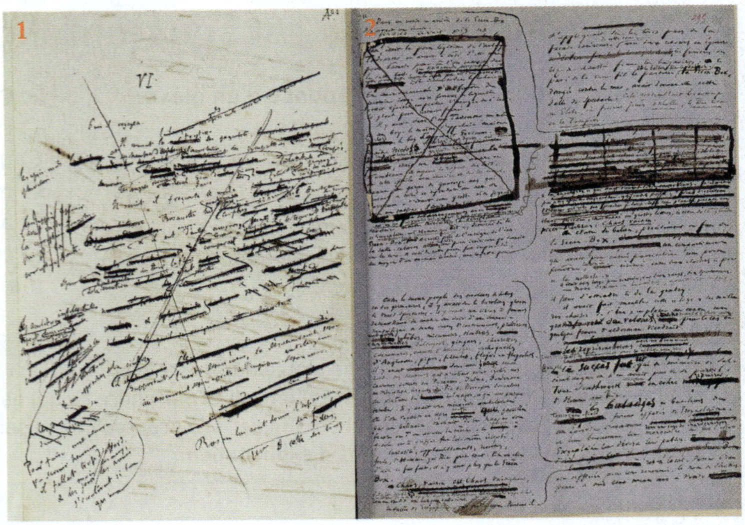

1 **G. Flaubert**, *L'Éducation sentimentale*, publié en 1869 © BNF.
2 **V. Hugo**, *L'Homme qui rit*, manuscrit autographe, publié en 1869 © BNF.

Étape 1 Je découvre le brouillon d'un écrivain

a. Observe les brouillons de ces deux célèbres écrivains français du XIXe siècle.

b. Que remarques-tu ? Les écrivains ont-ils écrit leur texte en une seule fois ?

....

....

c. Quelles actions ces écrivains ont-ils effectuées sur leur manuscrit ?

❍ supprimer ❍ gommer ❍ déplacer
❍ ajouter ❍ modifier ❍ remplacer
❍ mettre du correcteur liquide
❍ écrire dans la marge ❍ soigner la présentation

> ***Méthode***
> Le brouillon sert à **élaborer**, **construire** et **améliorer** son texte. Il sert à travailler, donc on peut **supprimer** des éléments, en **ajouter**, **remplacer** des mots ou des phrases... jusqu'à ce que le texte soit satisfaisant.

Étape 2 J'analyse le sujet et je commence mon brouillon

Voici le sujet de rédaction.

Tu es tranquillement en train de te reposer dans ta chambre quand apparait soudain un horrible monstre. Décris ce monstre, puis raconte ce qui se passe et ce que tu ressens.

a. Entoure, parmi ces éléments, ceux qui peuvent t'aider à commencer ton brouillon.

- **Il faut :** raconter • expliquer • décrire • inventer un conte • donner ses émotions.
- **Le héros sera :** un adulte • un enfant • un monstre • toi-même.
- **Le narrateur emploiera :** il/elle • je.
- **L'histoire se passera :** en forêt • dans ta chambre • en ville • au collège.
- **L'histoire :** un ami vient te rendre visite • un monstre apparait devant toi • tu regardes un film de monstres.

> ***Méthode***
> Avant de commencer ton devoir, tu dois t'assurer que tu as bien compris ce qu'on te demande.
> – **Souligne** les **mots** importants et les **verbes** d'action du sujet.
> – Fais-toi au brouillon un « **aide mémoire** » pour ne rien oublier.
> – Imagine ton histoire et **fais le plan de ton récit** avec quelques phrases courtes.

b. En t'inspirant des 3 schémas suivants, complète et enrichis ton brouillon.

① **Ce que je ressens en voyant le monstre :**

peur | horrifié | terrorisé | surprise | effrayé | panique

② **Ce que je fais en le voyant :**

j'ai la chair de poule | ma gorge se serre | mes cheveux se dressent sur ma tête

> ***Méthode***
> Pour que ton texte soit riche, recherche le vocabulaire approprié en faisant des **listes de mots** ou en utilisant des **cartes mentales**.
> Fais bien la différence entre le vocabulaire de la **description**, de l'**action** et de l'**expression des émotions**.

③

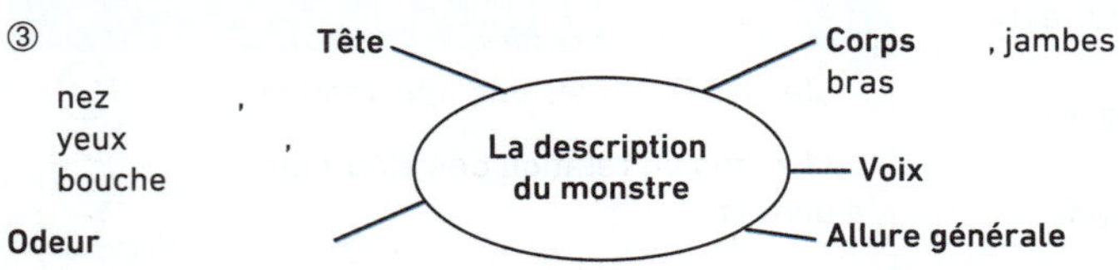

Étape 3 Je rédige mon brouillon

Méthode

Après cette préparation, tu peux rédiger ton premier jet en veillant à utiliser les aide-mémoire. La marge à gauche et à droite te permettra de faire d'éventuels ajouts. Relis-toi une première fois pour vérifier que tu as bien respecté le sujet.

....

....

....

....

Étape 4 Je corrige l'expression de mon brouillon

Tu vas travailler sur les phrases écrites au brouillon par un élève.

a. Barre les éléments en trop dans chaque phrase puis réécris-la pour qu'elle soit correcte.

1. J'ai vu un monstre affreux. J'ai vu ses gros yeux, j'ai vu son nez tordu, j'ai vu sa bouche énorme.

....

....

2. Il était si effrayant que j'ai eu peur. Comme j'ai eu peur, je me suis caché.

....

....

3. Soudain, un énorme monstre apparait devant moi. Je vois l'énorme monstre mais je ne crois pas à ce que je vois.

....

....

➜ Si besoin, voir les leçons 18, 19 et 20 de ce cahier.

b. Remplace le verbe « avoir » par un verbe plus précis choisi dans cette liste : porte • est recouvert de • tient.

1. Son gros nez crochu a / .... plusieurs boutons rouges.
2. Il a / .... des vêtements déchirés.
3. Il a / .... un gros bâton à la main.

c. Enrichis les phrases suivantes en leur ajoutant trois éléments de ton choix : adjectifs, compléments de phrase (temps, lieu), proposition complète.

1. Un monstre apparait. ....

....

2. Le monstre s'approche. ....

....

3. J'ai peur et je m'enfuis. ....

....

....

➜ Si besoin, voir les leçons 35, 36 et 37 de ce cahier.

d. Améliore les phrases suivantes en modifiant l'ordre de leurs éléments. Tu commenceras par le mot souligné et tu trouveras un verbe plus expressif.

Ex : Il a des yeux globuleux et un air bête. Ses yeux globuleux lui donnent un air bête.

1. Il est petit et il est recouvert de poils emmêlés et gris.

....

2. Il a une énorme bouche comme une baleine et il bave tout le temps.

....

....

Méthode

Pour rédiger et corriger l'expression de ton texte (ajouts, suppressions, remplacements), l'orthographe et la ponctuation :

Une fois ton texte rédigé au brouillon, tu dois le relire pour vérifier qu'il est compréhensible par un lecteur autre que toi-même. Il faudra alors corriger l'expression en supprimant les répétitions, en ajoutant des détails, en modifiant, déplaçant, remplaçant les mots ou groupes de mots quand c'est nécessaire.

Étape 5 Je rédige ma production

Tu peux maintenant copier ta production écrite au propre sur une feuille. Mets ton nom et donne-la à ton/ta professeur-e.

Mon auto-évaluation
Je relis ma production pour m'auto-évaluer en complétant chaque smiley.

	☺ 😐 ☹
1. Je sais analyser un sujet de rédaction et me faire un aide-mémoire pour le respecter.	
2. J'ai corrigé mon texte en supprimant et/ou remplaçant des éléments.	
3. J'ai amélioré mon texte en utilisant un vocabulaire varié.	

Méthode — Rechercher un mot dans le dictionnaire

Dans cette double page, tu vas à apprendre à utiliser un dictionnaire pour lire et pour écrire.

VOIX [vwa] n. f. I 1 Ensemble des sons produits par les vibrations des cordes vocales (→ **vocal ; phon-**). *Rester sans voix* (→ **muet**). *Perdre la voix* (→ **aphone**). *Une voix forte, puissante, bien timbrée ; une grosse voix. Voix faible, cassée, chevrotante. Voix aiguë, perçante. Voix de crécelle, de fausset. Voix grave, basse.* ◆ *Éclats de voix.* ◆ *Avoir de la voix* : une voix appropriée au chant. Forcer sa voix. Une belle voix. ◆ La voix, organe de la parole : loc. *De vive voix* : en parlant ; oralement ◆ *Parler à voix basse, à mi-voix**, *à voix haute. Élever, baisser la voix. Couvrir la voix de qqn.* en parlant plus fort ◆ Être, demeurer sans voix, muet. 2 Parole. *Obéir à la voix d'un chef.* — loc. *De la voix et du geste.* ◆ *Entendre des voix.* 3 La personne qui parle (avec *dire, crier, faire*…). *Une voix lui cria d'entrer.* 4 Cri (d'un animal). *Chien qui donne de la voix.* ◆ Bruit, son (d'instruments de musique, de phénomènes de la nature. de certains objets). *La voix chaude des cuivres.* II fig. 1 Ce que l'être humain ressent en lui-même, qui l'avertit, l'inspire. *La voix de la conscience, de la raison.* 2 Expression de l'opinion. → **avis, jugement**. *La voix du peuple.* ◆ Droit de donner son opinion dans une assemblée, une élection. → **suffrage, vote**. *Avoir voix consultative, Donner sa voix à un candidat,* voter pour lui. ◆ Suffrage exprimé. *Gagner des voix.* III GRAMM. Aspect de l'action verbale, suivant que l'action est considérée comme accomplie par le sujet (voix active) ou subie par lui (voix passive). *Voix pronominale* ◆ hom. Voie « chemin ». ÉTYMOLOGIE : latin *vox, vocis*

Le Robert Collège, 1997.

(Repères numérotés autour de l'extrait : 1, 2, 3, 4, 5)

1. Se repérer dans le dictionnaire

Étape 1 Je trouve le mot que je cherche

a. Classe ces mots selon l'ordre utilisé dans un dictionnaire : fois • valise • wagon • vélo • voter • voie.

……, ……, ……, ……, voix, ……, …… .

Comment as-tu procédé pour les mots « voie » **et** « voter » **?** ……

……

……

b. Un texte contient cette phrase et tu veux trouver dans le dictionnaire les deux expressions soulignées.
« La pauvre reine <u>avait renoncé</u> à se remarier et elle était restée <u>veuve</u>. »

Quel mot dois-tu chercher ? Surligne tes réponses :
avait • avoir renoncé • renoncer / veuve • veuf • veuves

> Dans un dictionnaire, les mots sont organisés dans l'ordre alphabétique. Les mots variables en genre et en nombre (adjectifs, noms...) sont donnés au masculin singulier et les verbes sont donnés à l'infinitif.

Étape 2 Je me repère dans l'article de dictionnaire

a. Quelle est la classe grammaticale de « voix » **? Encadre l'élément de la définition qui te permet de répondre.**

……

b. Associe chaque information au numéro correspondant placé autour de l'extrait du dictionnaire.

…… exemple

…… prononciation

…… renvoi vers une autre mot

…… origine du mot

…… mot qui se prononce pareil mais s'écrit différemment

> Un article de dictionnaire précise les différents sens d'un mot, souvent avec des exemples en italique. Il indique sa prononciation, sa classe grammaticale et son étymologie. Il peut aussi donner des synonymes, des antonymes et des homophones.

2. Trouver le sens d'un mot dans un texte

Étape 3 J'identifie le sens du mot

a. Fais les bonnes associations.

A. Le timbre de **voix** de ce chanteur est harmonieux. •

B. Dans ce bureau de vote, le jeune candidat a réuni la majorité des **voix**. •

C. Ce verbe est à la **voix** passive. •

• Voix, bulletin de vote, donner un avis. ……

• Voix = mot de grammaire. ……

• En rapport avec le son. ……

b. Lis l'article du dictionnaire et indique le numéro en chiffre romain de chaque famille de sens.

Étape 4 **Je comprends le sens dans le texte**

a. Dans l'article de dictionnaire, souligne en bleu la définition correspondant à la phrase A, en jaune celle correspondant à la phrase B et en rouge celle correspondant à la phrase C.

b. Reformule la phrase B avec tes propres mots pour prouver que tu as compris le sens de « voix ».

……

……

> Pour trouver le sens d'un mot dans un texte, il faut d'abord identifier le sens général de ce texte, afin de faire des hypothèses sur le sens du mot. Ensuite, on cherche la partie de la définition qui correspond au sens trouvé.

3. Utiliser les informations du dictionnaire pour écrire

a. Dans cette phrase, le mot « voix » **est répété. À l'aide de la définition, propose un synonyme pour supprimer la répétition.**
Cette chanteuse a trop forcé sa **voix** et aujourd'hui elle a perdu la **voix**.

……

……

b. Dans ces phrases, le mot « voix » **est toujours écrit avec la même orthographe alors qu'il a des homophones. Corrige l'orthographe si nécessaire.**
La maire a présenté un projet de [voix] …… piétonne. Les habitants [voix] …… cette idée d'un très bon œil. Le projet remportera de nombreuses [voix] …… lors du vote du conseil de quartier.

c. L'expression soulignée est-elle acceptable à l'école ?
Le supporter <u>s'est arraché la voix</u> car il a trop crié pendant le match. ……
Propose une expression pour la remplacer en t'aidant des exemples de l'article du dictionnaire.

……

> Un dictionnaire est utile pour améliorer un texte.
> – Les synonymes en fonction des sens du mot permettent d'éviter les répétitions.
> – Le niveau de langue est précisé quand il est soutenu ou familier.
> – L'article indique les différents homophones afin de choisir l'orthographe adéquate.

Entrainement final

1. Observe le mot « foie ». **Selon toi, quelle est la classe grammaticale et quel est le genre de ce mot ? Sur quoi t'appuies-tu pour répondre ?**

……

Lis maintenant l'article du mot « foie ». **Tes réponses ci-dessus sont-elles justes ?** ……

……

> **FOIE** [fwa] n. m. 1 Organe situé dans la partie supérieure de l'abdomen, qui filtre et renouvelle le sang (→ **hépatique**). 2 Cet organe chez certains animaux, utilisé dans la consommation. *Foie de veau. Pâté de foie.* ◆ *FOIE GRAS* : foie d'oie ou de canard que l'on engraisse par gavage, constituant un mets recherché. 3 LOC. FAM. ◆ *Avoir les foies :* avoir peur. hom. Foi « croyance », fois « cas, occasion ».
> ÉTYMOLOGIE : latin *ficatum,* de *ficus* « figue »

2. À l'aide de l'article du dictionnaire, coche les sens possibles pour « foie ».
❍ multiplication ❍ partie à l'intérieur du corps
❍ croyance ❍ partie d'un animal qui se mange
❍ nombre d'occasions où quelque chose se produit

3. Ce texte contient des erreurs et des maladresses. Améliore-le !
Il était une foie (……) un enfant qui avait foie (……) en la médecine. Il voulait devenir spécialiste des maladie du foie (……). Ses parents, pour l'encourager, lui disaient : « Pour tes examens, tu as bien révisé, <u>n'aie pas les foies</u> (……) ».

a. Deux des mots « foie » **n'ont pas été écrits avec la bonne orthographe. Trouve de quels homophones il s'agit.** ……

b. Pourquoi l'expression soulignée n'est-elle pas acceptable à l'écrit ? Propose une autre expression pour la remplacer.

……

……

Mon auto-évaluation
Je relis ma production pour m'auto-évaluer en complétant chaque smiley.

1. Je sais rechercher un mot dans le dictionnaire.	
2. J'ai repéré les informations dans un article de dictionnaire.	
3. J'ai sélectionné les informations utiles.	

ÊTRE (AUXILIAIRE)

INDICATIF

Présent		Passé composé		
je	suis	j'	ai	été
tu	es	tu	as	été
il, elle	est	il, elle	a	été
nous	sommes	nous	avons	été
vous	êtes	vous	avez	été
ils, elles	sont	ils, elles	ont	été
Imparfait		**Plus-que-parfait**		
j'	étais	j'	avais	été
tu	étais	tu	avais	été
il, elle	était	il, elle	avait	été
nous	étions	nous	avions	été
vous	étiez	vous	aviez	été
ils, elles	étaient	ils, elles	avaient	été
Passé simple		**Passé antérieur**		
je	fus	j'	eus	été
tu	fus	tu	eus	été
il, elle	fut	il, elle	eut	été
nous	fûmes	nous	eûmes	été
vous	fûtes	vous	eûtes	été
ils, elles	furent	ils, elles	eurent	été
Futur simple		**Futur antérieur**		
je	serai	j'	aurai	été
tu	seras	tu	auras	été
il, elle	sera	il, elle	aura	été
nous	serons	nous	aurons	été
vous	serez	vous	aurez	été
ils, elles	seront	ils, elles	auront	été

CONDITIONNEL Présent	
je	serais
tu	serais
il, elle	serait
nous	serions
vous	seriez
ils, elles	seraient

IMPÉRATIF Présent : sois, soyons, soyez

PARTICIPE Présent	PARTICIPE Passé
étant	été

INFINITIF : être

AVOIR (AUXILIAIRE)

INDICATIF

Présent		Passé composé		
j'	ai	j'	ai	eu
tu	as	tu	as	eu
il, elle	a	il, elle	a	eu
nous	avons	nous	avons	eu
vous	avez	vous	avez	eu
ils, elles	ont	ils, elles	ont	eu
Imparfait		**Plus-que-parfait**		
j'	avais	j'	avais	eu
tu	avais	tu	avais	eu
il, elle	avait	il, elle	avait	eu
nous	avions	nous	avions	eu
vous	aviez	vous	aviez	eu
ils, elles	avaient	ils, elles	avaient	eu
Passé simple		**Passé antérieur**		
j'	eus	j'	eus	eu
tu	eus	tu	eus	eu
il, elle	eut	il, elle	eut	eu
nous	eûmes	nous	eûmes	eu
vous	eûtes	vous	eûtes	eu
ils, elles	eurent	ils, elles	eurent	eu
Futur simple		**Futur antérieur**		
j'	aurai	j'	aurai	eu
tu	auras	tu	auras	eu
il, elle	aura	il, elle	aura	eu
nous	aurons	nous	aurons	eu
vous	aurez	vous	aurez	eu
ils, elles	auront	ils, elles	auront	eu

CONDITIONNEL Présent	
j'	aurais
tu	aurais
il, elle	aurait
nous	aurions
vous	auriez
ils, elles	auraient

IMPÉRATIF Présent : aie, ayons, ayez

PARTICIPE Présent	PARTICIPE Passé
ayant	eu

INFINITIF : avoir

AIMER (1ER GROUPE)

INDICATIF

Présent		Passé composé		
j'	aime	j'	ai	aimé
tu	aimes	tu	as	aimé
il, elle	aime	il, elle	a	aimé
nous	aimons	nous	avons	aimé
vous	aimez	vous	avez	aimé
ils, elles	aiment	ils, elles	ont	aimé
Imparfait		**Plus-que-parfait**		
j'	aimais	j'	avais	aimé
tu	aimais	tu	avais	aimé
il, elle	aimait	il, elle	avait	aimé
nous	aimions	nous	avions	aimé
vous	aimiez	vous	aviez	aimé
ils, elles	aimaient	ils, elles	avaient	aimé
Passé simple		**Passé antérieur**		
j'	aimai	j'	eus	aimé
tu	aimas	tu	eus	aimé
il, elle	aima	il, elle	eut	aimé
nous	aimâmes	nous	eûmes	aimé
vous	aimâtes	vous	eûtes	aimé
ils, elles	aimèrent	ils, elles	eurent	aimé
Futur simple		**Futur antérieur**		
j'	aimerai	j'	aurai	aimé
tu	aimeras	tu	auras	aimé
il, elle	aimera	il, elle	aura	aimé
nous	aimerons	nous	aurons	aimé
vous	aimerez	vous	aurez	aimé
ils, elles	aimeront	ils, elles	auront	aimé

CONDITIONNEL Présent	
j'	aimerais
tu	aimerais
il, elle	aimerait
nous	aimerions
vous	aimeriez
ils, elles	aimeraient

IMPÉRATIF Présent : aime, aimons, aimez

PARTICIPE Présent	PARTICIPE Passé
aimant	aimé

INFINITIF : aimer

AGIR (2E GROUPE)

INDICATIF

Présent		Passé composé		
j'	agis	j'	ai	agi
tu	agis	tu	as	agi
il, elle	agit	il, elle	a	agi
nous	agissons	nous	avons	agi
vous	agissez	vous	avez	agi
ils, elles	agissent	ils, elles	ont	agi
Imparfait		**Plus-que-parfait**		
j'	agissais	j'	avais	agi
tu	agissais	tu	avais	agi
il, elle	agissait	il, elle	avait	agi
nous	agissions	nous	avions	agi
vous	agissiez	vous	aviez	agi
ils, elles	agissaient	ils, elles	avaient	agi
Passé simple		**Passé antérieur**		
j'	agis	j'	eus	agi
tu	agis	tu	eus	agi
il, elle	agit	il, elle	eut	agi
nous	agîmes	nous	eûmes	agi
vous	agîtes	vous	eûtes	agi
ils, elles	agirent	ils, elles	eurent	agi
Futur simple		**Futur antérieur**		
j'	agirai	j'	aurai	agi
tu	agiras	tu	auras	agi
il, elle	agira	il, elle	aura	agi
nous	agirons	nous	aurons	agi
vous	agirez	vous	aurez	agi
ils, elles	agiront	ils, elles	auront	agi

CONDITIONNEL Présent	
j'	agirais
tu	agirais
il, elle	agirait
nous	agirions
vous	agiriez
ils, elles	agiraient

IMPÉRATIF Présent : agis, agissons, agissez

PARTICIPE Présent	PARTICIPE Passé
agissant	agi

INFINITIF : agir

PARTIR (3E GROUPE)

INDICATIF

Présent		Passé composé		
je	pars	je	suis	parti(e)
tu	pars	tu	es	parti(e)
il, elle	part	il, elle	est	parti(e)
nous	partons	nous	sommes	parti(e)s
vous	partez	vous	êtes	parti(e)s
ils, elles	partent	ils, elles	sont	parti(e)s
Imparfait		**Plus-que-parfait**		
je	partais	j'	étais	parti(e)
tu	partais	tu	étais	parti(e)
il, elle	partait	il, elle	était	parti(e)
nous	partions	nous	étions	parti(e)s
vous	partiez	vous	étiez	parti(e)s
ils, elles	partaient	ils, elles	étaient	parti(e)s
Passé simple		**Passé antérieur**		
je	partis	je	fus	parti(e)
tu	partis	tu	fus	parti(e)
il, elle	partit	il, elle	fut	parti(e)
nous	partîmes	nous	fûmes	parti(e)s
vous	partîtes	vous	fûtes	parti(e)s
ils, elles	partirent	ils, elles	furent	parti(e)s
Futur simple		**Futur antérieur**		
je	partirai	je	serai	parti(e)
tu	partiras	tu	seras	parti(e)
il, elle	partira	il, elle	sera	parti(e)
nous	partirons	nous	serons	parti(e)s
vous	partirez	vous	serez	parti(e)s
ils, elles	partiront	ils, elles	seront	parti(e)s

CONDITIONNEL Présent	
je	partirais
tu	partirais
il, elle	partirait
nous	partirions
vous	partiriez
ils, elles	partiraient

IMPÉRATIF Présent : pars, partons, partez

PARTICIPE Présent	PARTICIPE Passé
partant	parti

INFINITIF : partir

ALLER (3E GROUPE)

INDICATIF

Présent		Passé composé		
je	vais	je	suis	allé(e)
tu	vas	tu	es	allé(e)
il, elle	va	il, elle	est	allé(e)
nous	allons	nous	sommes	allé(e)s
vous	allez	vous	êtes	allé(e)s
ils, elles	vont	ils, elles	sont	allé(e)s
Imparfait		**Plus-que-parfait**		
j'	allais	j'	étais	allé(e)
tu	allais	tu	étais	allé(e)
il, elle	allait	il, elle	était	allé(e)
nous	allions	nous	étions	allé(e)s
vous	alliez	vous	étiez	allé(e)s
ils, elles	allaient	ils, elles	étaient	allé(e)s
Passé simple		**Passé antérieur**		
j'	allai	je	fus	allé(e)
tu	allas	tu	fus	allé(e)
il, elle	alla	il, elle	fut	allé(e)
nous	allâmes	nous	fûmes	allé(e)s
vous	allâtes	vous	fûtes	allé(e)s
ils, elles	allèrent	ils, elles	furent	allé(e)s
Futur simple		**Futur antérieur**		
j'	irai	je	serai	allé(e)
tu	iras	tu	seras	allé(e)
il, elle	ira	il, elle	sera	allé(e)
nous	irons	nous	serons	allé(e)s
vous	irez	vous	serez	allé(e)s
ils, elles	iront	ils, elles	seront	allé(e)s

CONDITIONNEL Présent	
j'	irais
tu	irais
il, elle	irait
nous	irions
vous	iriez
ils, elles	iraient

IMPÉRATIF Présent : va, allons, allez

PARTICIPE Présent	PARTICIPE Passé
allant	allé

INFINITIF : aller